U0495665

给青少年讲红色纪念馆里的故事丛书

新中国从这里走来：
西柏坡的故事

西柏坡纪念馆 编著

中原出版传媒集团
中原传媒股份公司
大象出版社
·郑州·

图书在版编目(CIP)数据

新中国从这里走来：西柏坡的故事 / 西柏坡纪念馆编著. — 郑州：大象出版社，2024. 7
(给青少年讲红色纪念馆里的故事丛书)
ISBN 978-7-5711-2138-9

Ⅰ. ①新… Ⅱ. ①西… Ⅲ. ①西柏坡-革命纪念地-青少年读物 Ⅳ. ①K878. 2-49

中国国家版本馆 CIP 数据核字(2024)第 046880 号

给青少年讲红色纪念馆里的故事丛书
新中国从这里走来：西柏坡的故事
XINZHONGGUO CONG ZHELI ZOULAI：XIBAIPO DE GUSHI
西柏坡纪念馆　编著

出 版 人　汪林中
丛书策划　董中山
项目总监　张桂枝
项目统筹　孟建华　崔　征
责任编辑　史　军　韩军政
责任校对　安德华　吴春霞
装帧设计　付锬锬
责任印制　张　庆

出版发行　大象出版社(郑州市郑东新区祥盛街 27 号　邮政编码 450016)
发行科　0371-63863551　总编室　0371-65597936
网　　址　www. daxiang. cn
印　　刷　河南瑞之光印刷股份有限公司
经　　销　各地新华书店经销
开　　本　720 mm×1020 mm　1/16
印　　张　11. 5
字　　数　114 千字
版　　次　2024 年 7 月第 1 版　2024 年 7 月第 1 次印刷
定　　价　39. 00 元

印厂地址　武陟县产业集聚区东区(詹店镇)泰安路与昌平路交叉口
邮政编码　454950　　电话　0371-63956290

丛书编委会

丛书策划

黄乔生　薛　峰　董中山　王刘纯

丛书编委

（按姓氏笔画排序）

马海亭　王小玲　卢润彩　史永平

李　游　杨　宇　杨长勇　陈　松

孟建华　袁海晓　高慧琳

本书编委会

主　编

卢润彩

副主编

段彦峰　杨宏伟　张振国　李国强

执行主编

康彦新

编　者

史进平　王彦红　赵春伟

我们走过的路（总序）

“什么是路？就是从没路的地方践踏出来的，从只有荆棘的地方开辟出来的。”

漫长的古代，在世界文明发展的道路上，我们曾经长期领先。到了近代，中国开始逐渐落后。鸦片战争使得“天朝上国”的旧梦彻底破灭，两千多年的封建道路再也走不下去，并随即堕入半殖民地半封建社会的深渊。

百年中国近代史，是一部屈辱史、抗争史，更是一部探索史。然而探索的道路充满血泪艰辛。北洋舰队的覆灭宣告洋务运动破产，谭嗣同的流血冲淡不了戊戌变法的败局，“城头变幻大王旗”揭示出辛亥革命的无奈……列强环伺，生灵涂炭，中国前进的道路在何方？民族复兴之路在哪里？！

历史的重担落到了中国共产党肩上。“十月革命一声炮响，给我们送来了马克思列宁主义”，经由五四新文化运动，马克思主义开始在中国广泛传播，1921 年 7 月，在上海，中国共产党正式成立——中国革命的面貌从此焕然一新！

现在我们正走在中国特色社会主义的道路上，我们的国家和民族已经站起来、富起来，正在强起来。习近平总书记强调指出：“走得再远、走到再光辉的未来，也不能忘记走过的过去，不能忘记为什么出发。”

红色纪念馆能够告诉我们来时所走过的路，告诉我们为什么要出发——她是历史的积淀，是探索的记录，是前行的坐标。红色纪念馆用大量的实物、图片、文字、音视频等，浓缩了一段段难忘岁月，展现了一个个感人场景，记录了那些让我们不能忘却也无法忘却的重大事件和重要历程，彰显着我们昂扬的民族精神，温暖着我们砥砺前行中的心灵！

青少年是祖国的未来，是担当民族复兴大任的时代新人，更需要身怀梦想，牢记初心，不忘来时的路。为此，我们编写了这套“给青少年讲红色纪念馆里的故事丛书”，希望广大青少年在前行的道路上、在人生的“拔节孕穗期”，汲取更多的营养，积蓄更多的发展力量。

希望阅读这套图书，恰似行走在研学旅行的探索之路上，红色号角在耳畔嘹亮吹响；又似畅游在革命文化大河之中，乐观向上、坚韧不拔的东风迎面扑来。首先我们来到北京新文化运动纪念馆，看一看在那个风起云涌的年代，马克思主义如何传入中国，历史为什么会选择中国共产党；接着我们来到中国共产党第一次全国代表大会纪念馆，去感受“开天辟地创伟业”的神圣时刻、重温伟大中国共产党的创建；然后我们来到南昌八一起义纪念馆，目睹人民军队的诞生、建军大业的完成；我们来到井冈山，感受“星星之火，可以燎原”的力量；我们来到瑞金，追述一段红色故都的往事；我们来到遵义，去重温伟大转折、传唱长征史诗；我们来到延安，去拥抱那段难忘的革命岁月；我们来到八路军太行纪念馆，听一听中国共产党领导人民进行伟大抗战的故事；最后，我们来到西柏坡——这个时候，新中国已如一轮红日冉冉升起！

这就是我们走过的路。

这里面蕴含着我们的道路自信、理论自信、制度自信和文化自信。今天，“我们比历史上任何时期都更接近、更有信心和能力实现中华民族伟大复兴的目标”；“我们要一棒接着一棒跑下去，每一代人都要为下一代人跑出一个好成绩”。

这是历史的使命！

丛书编委会

2024 年 1 月

唯有不忘初心，才能更好前行（代序）

西柏坡，一个永载中国革命史册的名字。解放战争后期，中共中央在这个太行山东麓的普通小山村，召开了中国共产党全国土地会议，领导了解放区的土地改革运动，实现了耕者有其田；组织指挥了震惊中外的辽沈、淮海、平津三大战役，夺取了解放战争的决定性胜利；召开了中国共产党七届二中全会，描绘了新中国的宏伟蓝图，提出了"两个务必"的著名论述。新中国从这里走来。

西柏坡时期，是中国共产党历史上的辉煌时期之一，它彪炳千秋的卓越功勋，深深地影响着中国社会发展的历史进程。周恩来同志曾在一个批示中写道："西柏坡是毛主席和党中央进入北平、解放全中国的最后一个农村指挥所，指挥三大战役在此，开党的七届二中全会在此。"这一时期，以毛泽东为代表的中共中央在这里铸就的西柏坡精神，犹如一座不熄的灯塔，激励着一代又一代人。

讲中国故事是时代命题，讲好中国故事是时代使命。中共中央在西柏坡一年零十个月里，留下了很多脍炙人口的故事，感人至深，至今仍广为传颂。西柏坡作为中共中央“最后一个农村指挥所”，作为决定中国命运关键时刻的总指挥部，作为“进京赶考”的出发地，对共产党人的革命实践活动和精神风范产生了非同寻常的影响力，这一时期形成的“谦虚谨慎、艰苦奋斗、实事求是，一心为民”的西柏坡精神至今仍散发着时代的光芒。

2013年7月，习近平总书记在西柏坡指出：历史是最好的教科书。对我们共产党人来说，中国革命历史是最好的营养剂。多重温这些伟大历史，心中就会增加更多正能量。西柏坡纪念馆作为全国爱国主义教育示范基地，本着“把红色资源利用好、把红色传统发扬好、把红色基因传承好”的精神，精心编写了《新中国从这里走来：西柏坡的故事》一书，旨在充分利用西柏坡丰富的历史资源及其在革命实践活动中所蕴含的伟大革命精神，从而使广大青少年深怀爱国之情、砥砺强国之志、力践报国之行，让爱国主义情怀在广大青少年心中牢牢扎根，让爱国主义精神代代相传、发扬光大。

唯有不忘初心，才能更好前行。此书，是我们奉献给广大青少年的一部生动教材。希望广大青少年从西柏坡的丰富历史中汲取营养和智慧，延续文化基因，萃取思想精华，树立正确的价值观，增强自己的归属感、荣誉感。让我们一起携起手来为实现中华民族伟大复兴的中国梦而努力！

2024年1月

目　录

实现耕者有其田

第七部分

难忘岁月

第一部分

理想的指挥部

——中共中央走进西柏坡

抗日战争胜利后，尽管中国共产党作出种种争取和平的努力，全面内战仍然爆发。国民党军队在全面进攻解放区失败后，改为重点进攻，投入25万兵力进攻延安。为了在运动中歼灭敌人的有生力量，1947年3月18日，中共中央主动撤离延安。离开延安后，中央各机关几万人在何处驻扎？根据枣林沟会议的决定，毛泽东、周恩来、任弼时等组成中央前方委员会（以下简称“中央前委”），继续留在陕北，指挥全国的解放战争；刘少奇、朱德、董必武等组成中央工作委员会（以下简称“中央工委”），带领中央机关大部分人员向华北转移，担负中共中央委托的工作。在这种情况下，西柏坡以其特有的优势得到历史的垂青，成为当时中国革命的领导中心。

探寻

中共中央主动撤离延安

依依不舍离延安

1947 年 3 月 18 日晚上，毛泽东、周恩来等在炮声中从容地吃了晚饭，经彭德怀的一再催促，7 时左右，才坐上吉普车出了王家坪，依依不舍地离开延安，沿延榆公路向东驶去。此时，延安城除作战部队外，机关人员和群众已全部撤离。延安成了一座空城。

1947 年春，国民党纠集 25 万兵力进攻延安。当时陕北的人民解放军只有 2 万多人，在敌我力量对比悬殊的危急情况下，延安的命运如何，中共中央和人民解放军总部去向何处，便成了举世瞩目、关系全局的一件大事。

毛泽东高瞻远瞩，从革命的全局出发，从整个战略考虑，决定主动撤离延安。面对那些想不通，表示要誓死保卫延安的同志们，他亲自去做动员。他说：吃了延安 10 年的小米饭，要离开延安，

毛泽东率中央机关撤离延安，转战陕北

感情上不通呀。可是，敌人来势很凶，兵力相当集中，就我们目前的力量来看，还一下子吃不了这一砣。怎么办？只能继续执行集中优势兵力，消灭敌人有生力量，积极防御的作战原则。我军打仗，不在一城一地的得失，而在于消灭敌人的有生力量。存人失地，人地皆存；存地失人，人地皆失。敌人进延安是握着拳头的，他到了延安，就要把指头伸开，这样就便于我们一个一个地切掉它。将来人们会看到，蒋介石占领延安决不是他们的胜利，而是背上了包袱，搬起石头砸自己的脚，他就要倒霉了。要告诉同志们，少则一年，多则两年，我们就要回来，我们要以一个延安换取全中国！

此时，毛泽东还为西北野战兵团在陕北的这次作战行动定下了一个基调，简单地说，就是一个“磨”字。陕北地方小，但沟

西柏坡小百科

“蘑菇”战术

“蘑菇”战术是在中国革命战争过程中，处在敌强我弱地位的人民军队所创造的一种作战方法，即利用有利的地形与群众条件同敌军在一个地区周旋，从而使敌军达到十分疲劳和缺粮的状况，然后寻机将其歼灭的战术。

壑纵横，地形险要，只要把敌军的鼻子牵住，在陕北这盘石磨上磨、石碾上碾，就一定能把他几十万军队磨个稀巴烂，毛泽东称之为“蘑菇”战术。

1947 年 3 月 18 日早晨，国民党胡宗南部队逼近延安城郊。在敌强我弱的情况下，如果我军死守延安，那么必然招致重大伤亡，毛泽东这才决定主动地放弃延安。下午，敌人已进到三十里铺附近，延安已听到炮声了，毛泽东办公室的窑洞外，不断有敌机轰炸袭扰。炸弹的气浪直冲入窑洞，将门窗玻璃震碎，甚至燃烧弹的油渍都溅到了墙壁上。此时的毛泽东才决定离开延安。

离开延安后，在陕北清涧县枣林沟召开会议，决定把中央分为两个部分：毛泽东、周恩来、任弼时等组成中央前委，继续留在陕北，指挥全国的解放战争；刘少奇、朱德、董必武等组成中央工委，向华北转移，担负中共中央委托的工作。此时，毛泽东首先考虑的是他自己决不能离开陕北。他认为，党中央留在陕北，一则在政治上，不但粉碎了蒋介石打击中国共产党的阴谋，灭了敌人的威风，而且对各解放区人民，尤其是处在患难之中的陕甘

枣林沟会议会址

宁边区人民，是一个极大的鼓舞，既长了自己的志气，同时也让全世界都看到中国共产党是不可征服的；二则在军事上，只要党中央留在陕北，蒋介石就不敢把胡宗南的几十万大军投入别的战场，拖住了胡宗南这个“西北王”，其他战场就可以减轻许多压力，从而为粉碎蒋介石的重点进攻，并为以后人民解放军从战略防御转入战略进攻创造有利的条件；三则党中央在延安驻扎了十来年，一直处在和平环境中，是陕北的小米使党中央及其领导下的军队恢复了元气，现在一有战争就走，对不起陕北的乡亲们。因此，毛泽东决定和陕北的军民在一起，不打败胡宗南就决不过黄河。这正是毛泽东高明、伟大之处！

揭秘

中共中央选址西柏坡

“晋察冀的‘乌克兰’”

西柏坡前临滹沱河，背依柏坡岭，河两岸滩地肥美，稻麦两熟，物产丰富。早在1938年8月，聂荣臻司令员首次来到这一带，当他扬鞭策马沿滹沱河两岸视察时，看到两岸肥沃的土地和茂盛的良田，不由得发出赞叹：“真是晋察冀的‘乌克兰’！”

1947年3月30日，枣林沟会议结束后，刘少奇、朱德率中央工委东渡黄河，来到晋察冀解放区。在研究了晋察冀的军事问题之后，刘少奇和朱德谈起中央工委准备进发太行山区。聂荣臻等盛情挽留，希望中央工委留在晋察冀指导工作。刘少奇、朱德商议后同意，遂致电请示转战陕北的中共中央，并获得批准。

中央工委决定留在晋察冀，但究竟到哪里安营扎寨，却还是一个未知数。为此，中央工委和晋察冀的领导人进行了慎重而细致的勘察研究。

西柏坡一带肥沃的河滩地

抗日战争时期晋察冀军区、边区政府驻扎较多的是阜平县、平山县和张家口一带。张家口已在 1946 年 10 月被国民党军傅作义部占领；阜平县几乎都是山区，村庄小，居住分散，经济条件差，与外界联系不便；而平山县因滹沱河流经全县，两岸滩地肥美，经济发达，从而成为晋察冀根据地最富饶的地区。正如有句话所描述的：“平山不贫，阜平不富。”

从战略位置上看，平山县背依太行群山，前临华北大平原，有着进可攻、退可守的战略优势；从群众基础上看，抗日战争时期，平山县是晋察冀边区著名的“抗日模范县”；从安全角度考虑，晋察冀党政军领导机关先后在这里驻扎长达三年多的时间，晋察冀军区第四军分区更是长期驻扎在这里。由于这些优势，平山县跃然进入了中央工委的视线。

1947 年初夏，清脆的马蹄声在平山县滹沱河沿岸的村落回荡。朱德派他的秘书潘开文、卫士长齐明臣等人考察了滹沱河沿岸的村庄。他们发现，这一带的村庄很多，村子大，物产也丰富，而且西柏坡在滹沱河北岸的一个小山湾，村前的一大片芦苇地使村庄隐蔽性很好；虽然村里的许多房子抗日战争时期被日本鬼子烧毁了，但石头地基还在，也很多，便于修复重建；还有西柏坡和其他村庄距离不远，以后也方便工作。同时，由中共中央组织部副部长安子文率领的中央工委的大队人马到达建屏县（1958 年归入平山县）的小觉镇，请示设点问题。于是，他又奉命带人进行了更仔细的勘察，也认为西柏坡比较合适。

刘少奇、朱德听了潘开文等人的汇报，看了西柏坡一带村庄的地形图

西柏坡小百科

柏坡，原称柏卜，始建于唐代，因村北坡上翠柏苍郁而得名。村中间有一片苇地将村子隔开，东边的叫东柏卜，西边的叫西柏卜，合称为柏卜。民国初年，本村的教书先生齐玉军将“卜”改为“坡”，遂称柏坡。

滹沱河，是一条古老的河，历史久远。它发源于山西省繁峙县，中间经过河北省平山县，在河北献县与滏阳河汇合为子牙河。全长 587 公里。

西柏坡中共中央旧址大院全景

西柏坡中共中央旧址原貌

后，都比较满意，又进行了更加细致的勘察后，就选定了西柏坡。经过一个月的紧张施工，1947 年 7 月 12 日，刘少奇、朱德率中央工委正式进驻西柏坡。为了做好战争环境下的保密工作，中央工委对外称“工校”或“劳大”。

聚焦

中共中央移驻西柏坡

“这是个理想的指挥部”

1948 年中共中央也来到西柏坡与中央工委会合，西柏坡成为当时中国革命的领导中心。毛泽东到西柏坡的第二天，散步登上了柏坡岭，坐在一块石头上，用手里的木棍指着山下说道：“西柏坡果然是个好地方，这是个理想的指挥部。”

从 1947 年 3 月开始转战陕北起，毛泽东、周恩来、任弼时等率领中共中央机关和人民解放军总部在物资供给极端困难的条件下与敌周旋，从容地指挥着全国各战场的作战。

经过一年的艰苦作战，全国的战局有了很大改善。为适应解放战争胜利发展的形势，以毛泽东为首的党中央在经历了一年零五天，行程 1000 多公里，途经 12 个县境 38 个村庄的艰苦转战后，于 1948 年 3 月 23 日在陕北吴堡县川口东渡黄河。过河后，继续东进，过山西的兴县、岢岚、五寨、神池、雁门关、代县、繁峙县。

1948 年，西柏坡村貌

4月11日因大雪封山，毛泽东等夜宿五台山。第二天翻越五台山，于4月13日到达晋察冀军区司令部驻地河北省阜平县城南庄。4月23日，周恩来、任弼时率机关全体人员到西柏坡与中央工委会合，毛泽东暂留城南庄。

在此之前，叶剑英和军委作战部副部长李涛于3月12日率中央后委机关离开双塔村乘汽车出发，于3月20日前后到达西柏坡。杨尚昆在中央后委驻地送走中央首长之后，组织中央机关和后委留守人员步行到达西柏坡。

中共中央“三大部分”在经历一年多的分散行动之后，终于在西柏坡胜利会合。

1948年4月30日至5月7日，中共中央在城南庄召开了中央前委、中央后委、中央工委会合以后的第一次书记处扩大会议，亦称“城南庄会议”。会议总结了人民解放军转入战略进攻以来的经验，分析了当前的战略形势，研究了夺取全国胜利的各项战略部署和方针政策。

1948年5月27日，毛泽东来到西柏坡。中央各部委为了协助党中央工作，先后进驻到西柏坡周围一百多个村子里。至此，中共中央五位书记毛泽东、朱德、刘少奇、周恩来、任弼时阔别一年之后，和各中央机关相聚于西柏坡，滹沱河畔亮起了彻夜不熄的点点灯火。西柏坡成为当时中国革命的领导中心。

国民党飞机轰炸城南庄时留在柱子上的弹洞

1948 年 5 月 18 日早晨，工作了整整一夜的毛泽东，刚吃了安眠药睡下，城南庄北山上突然拉响了防空警报，随后一架敌机在城南庄上空盘旋侦察，转了一圈后向北飞去，接着又飞来两架轰炸机。大家立即意识到敌人可能要来轰炸了。聂荣臻、赵尔陆和阎长林 3 个人立即跑向毛泽东的住室，请正在休息的毛泽东快到防空洞去。毛泽东坐起来，若无其事，非常镇静，风趣地说："不要紧，没什么了不起！无非是投下一点钢铁，正好打几把锄头开荒。"情况紧急，大家把毛泽东扶上担架，一溜小跑奔向房后的防空洞。刚进去，敌机就向毛泽东住的院子投下了炸弹。门窗上的玻璃、屋里的暖水瓶被震碎了，鸡蛋被砸烂了，门和屋檐的柱子上嵌进了许多弹片，军区司令部的几间房子被炸毁了，好在没有人受伤。

第二部分

太行山下红地标

——晋察冀边区的抗日模范县

河北省平山县，历史悠久，红色文化历史深厚，是太行山下的红色地标。这里位于太行山东麓，早在1927年，平山籍革命者栗再温就光荣加入了中国共产党，成为平山籍第一位中共党员。1931年，平山县第一个中共党支部成立，由此点燃了共产主义在平山传播的火种。平山县人民在中国共产党领导下，党组织和党员人数如雨后春笋般地发展起来，他们积极响应党中央的号召，参军参战，发展生产，支援前线。尤其是抗日战争时期，平山县成为晋察冀根据地的一块坚强柱石，成为“抗日模范县”。在抗战的不同阶段，这里都涌现出许多抗日英雄和英雄团体，他们的典型事迹，成为中华民族的宝贵精神财富，成为激励中华儿女不断前进的力量源泉。

太行山上铁的子弟兵

平山团

太行山上铁的子弟兵

如今人们都亲切地称中国人民解放军为“子弟兵”，但是很少有人知道“子弟兵”这一称呼的真正来由。事实上，这一称呼与聂荣臻司令员嘉勉“平山团”有关。据1986年军事科学出版社出版的《晋察冀军区抗日战争史》记载，抗日战争期间，因为三五九旅在上下细腰涧战斗中全歼被围日寇，创造了对日作战的辉煌战绩，晋察冀军区司令员聂荣臻亲自拟写嘉勉令，特别嘉勉“平山团”，并将其命名为“太行山上铁的子弟兵”。

1937年10月3日，八路军一二〇师三五九旅旅长王震派出刘道生、陈宗尧来到河北省平山县洪子店村开展扩军工作。在“有人出人，有力出力，有钱出钱，有粮出粮”的号召下，掀起了轰轰烈烈的参军热潮。在短短一个月零三天的时间里，就有1500多名平山优秀子弟报名参军。11月6日，平山团正式成立。次日，这支部队告别家乡的父老乡亲，从洪子店出发，开赴山西盂县上

平山八区志愿义务兵入伍大会，165 名青年报名入伍

平山团第一任团长陈宗尧（中）和平山团部分成员合影

社三五九旅驻地。在那里，正式编为一二〇师三五九旅七一八团，由于该团全部由平山子弟组成，人们又亲切地称之为“平山团”，由陈宗尧任团长，李铨任政委。

1938 年 1 月，刚刚整训结束的平山团在田家营设伏，全歼日军一个中队。缴获重机枪 4 挺、轻机枪 3 挺，三八式步枪（俗称“三八大盖”）120 支、短枪 12 支和大批战利品。这是平山团组建以来打的第一仗，首战告捷，打出了威风。

1939 年 5 月 11 日，七一七团在五台神堂铺遭到日军 1000 余人的围攻。平山团奉命全部出动增援解围，迫使敌人取路上下细腰涧北撤。平山团与七一七团在土楼子南北夹击敌人，经五天激战，

平山团在行军途中

歼敌1000余人，缴获步兵炮2门、迫击炮3门、重机枪6挺、步枪451支、战马百匹，这就是著名的上下细腰涧歼灭战。这一战全歼被围之敌，创造了三五九旅对日作战的辉煌战绩。

1939年10月，平山团奉命西渡黄河卫戍延安，团部就设在今天的陕西省米脂县。1941年，由于日军的疯狂蚕食和残酷扫荡及国民党的军事、经济封锁，再加上自然灾害的侵袭，陕甘宁边区遇到了前所未有的困难。为了战胜困难，坚持抗战，平山团积极响应毛主席“自己动手,丰衣足食”的伟大号召,开赴南泥湾垦荒。

南泥湾在延安东南约45公里处，绵延数百里，荆棘遍地，杂草丛生，荒无人烟，不仅无路，更没有住处，但土地肥沃，且有三条河流从此流过，是个理想的垦荒之所。临行前，朱德总司令问王震：“好多人想去啃它都啃不动，你王胡子敢不敢去啃？”王震一听，哈哈一笑说：“不就是个南泥湾嘛，有啥了不起的，啃掉它不就得了。”就这样，平山团作为三五九旅的一支重要力量来到这里，披荆斩棘，刀劈斧砍，硬是把一个荒无人烟的南泥湾变成了“陕北的好江南”。

1943年9月，毛泽东到南泥湾视察，当他看到南泥湾的垦荒成绩时，兴奋地说：“这是中国历史上从未有过的奇迹，这是我们不可征服的物质基础。”

1944年，平山团又随三五九旅南下支队南征，屡建奇功。毛泽东将三五九旅南下支队喻为“王者之师”，而任弼时则形容三五九旅主力南征“是到南方画一张红色的地图”。南征的

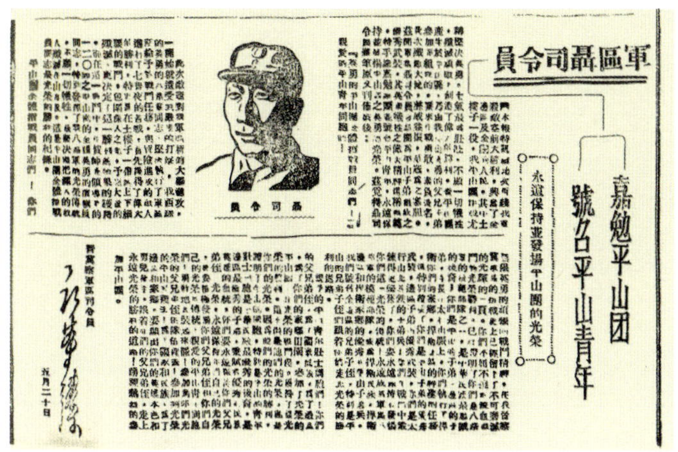

軍區聶司令員

嘉勉平山团

號召平山青年

永遠保持並發揚平山團的光榮

嘉勉平山团报照

1939 年 5 月 20 日，晋察冀军区司令员聂荣臻给平山团的嘉勉令原文如下：你们无限英勇的顽强的战斗精神，在我晋察冀军区的抗战史上已经留下了不可磨灭的光辉一页。你们不屈不挠，流血战斗的光荣胜利，已经证明了你们是八路军的模范部队之一，是中华民族最忠诚的后裔。你们是平山的子弟，边区的子弟，生长在太行山脉上，你们执行了捍卫你们的家乡、捍卫边区的神圣任务。这特别证实了你们是平山子弟的优秀武装，边区子弟的优秀武装，你们是太行山上铁的子弟兵！

三五九旅，自 1944 年 11 月 9 日从延安出发到 1946 年 8 月 29 日胜利回返，历时 659 天，先后冲过敌人一百多道封锁线，进行大小战斗三百余次，打破了敌人数十万大军的围追堵截，创造了中国军事史上的奇迹。

1948 年，平山团改称中国人民解放军第一兵团第二军第五师第十四团，在兵团司令王震的指挥下，参加了瓦子街、西府、荔北、扶眉等战斗，最后驻防新疆。

子弟兵的母亲

戎冠秀

“戎冠秀，我知道你”

抗日战争时期，河北省平山县涌现出了许许多多抗日的先进典型人物和先进集体。享誉全国的“子弟兵的母亲”戎冠秀是典型中的典型。1949 年 10 月 1 日，戎冠秀参加了隆重的开国大典，并受到毛主席的亲切接见，毛主席握着戎冠秀的手亲切地说：“戎冠秀，我知道你。”她是全国拥军爱民的一面旗帜，是中华民族优秀的妇女代表，是千千万万抗敌战士母亲的代表。

1896 年 9 月 29 日，戎冠秀出生在河北省平山县下盘松村一个贫苦的农民家庭，从小就给地主家当佣人，受尽了地主家的欺负和压榨。共产党八路军来了，才把她救出了火坑。从此，她认准了一个理儿：共产党是为咱穷人打天下的，跟着共产党走，到死不回头。

1938 年，她光荣地加入中国共产党，成为下盘松村妇女救国会会长。她满腔热情地带领全村妇女做军衣、做军鞋、交公粮、照顾伤病员，努力做好拥军支前的后方工作。她爱兵如子，以一位母亲的情怀温暖着每一位革命军人的心。

1941 年秋，在边区军民反“扫荡”斗争中，她带领本村妇女救国会成员日夜忙碌着慰问军队，抢救伤员，当日军进村“扫荡”时，她又组织群众和伤病员安全转移。11 月，村里来了一个浑身是伤、濒临死亡的伤员，她不顾自己两天两夜没合眼，急忙给伤员清洗伤口，又掰开伤员的嘴一口一口地喂水喂饭。看到伤员的脚冻得青紫，就把伤员的脚揣进自己怀里暖热。伤员醒来后，感激地喊她“娘”。

1943 年秋，日寇 7 万余人对根据地实行“大扫荡”。我军撤出后，四分区五团的战斗英雄邓世军因负重伤和部队失去了联系，日寇开始了满山遍野的大搜查。这时，正带领乡亲们转移的戎妈妈发现了邓世军，她快步跑上前去，着急地说：“快！孩子，跟我来！”戎妈妈搀扶着邓世军，向附近半山腰的一个山洞爬去。可是洞口距地面有七八尺高，邓世军又身负重伤，怎么也爬不上去。此时此刻，山顶上已隐隐约约听到鬼子搜山的声音了，情况万分危急。这时戎妈妈也不知从哪儿来的那么大劲儿，蹲下身子，让邓世军踩在自己的肩上，把他托起来顶进了山洞。这是一个隐蔽很好的山洞，搜山的鬼子始终没有发现。由于邓世军伤势太重，当时又缺医少药，戎妈妈只能用清水一点点地给他清洗伤口。邓世军疼痛地抽搐一下，戎妈妈的心就

军区子弟兵欢送“子弟兵的母亲”戎冠秀

1944 年，在晋察冀边区召开的第一届群英大会上，聂荣臻司令员代表全体子弟兵亲手将一面绣有“子弟兵的母亲”的大红锦旗授予了戎冠秀。散会后，军区直属部队的子弟兵全副武装，列队相送，向戎妈妈行庄严的军礼。从此，戎冠秀的名字传遍了边区，传遍了全国，鼓舞了广大军民抗日的信心和士气。

像针扎一样疼一下。邓世军由于伤势严重，难于咽食，戎妈妈就把家里仅有的一点玉米面做成窝窝头用嘴嚼烂，口对口地喂他。天气冷了，看到伤员的脚还光着，她立即撕开女儿的棉袄，把邓世军负伤的双脚用棉花紧紧地裹起来。在戎妈妈的精心照料下，邓世军终于得救了，他重返前线后，和日寇作战更加勇敢。

解放战争开始了，戎妈妈更忙了，她走街串巷，动员乡亲们交公粮、参加解放军，并带头送自己的小儿子参军。在扩军大会上，戎妈妈大声地说："俺有两个儿子，验上哪个就让哪个去，都验上都去，要是不嫌俺老伴儿老，让他给咱部队喂马去。"英雄母亲的话语和行动激起了参军的热潮。在以后的日子里，她又先后送三个孙子参加了人民解放军。后来，当她的小儿子在朝鲜战场上牺牲的噩耗传来时，戎妈妈哭了，孩子是娘的心头肉啊。但她却坚定地对部队领导说："孩子是我生的，但他是党培养的，干革命哪能不死人，他为保家卫国而死，值得！"

戎冠秀一生受到毛泽东 13 次接见，还荣幸地出席了中国人民政治协商会议第一届全体会议，参加了开国大典。1989 年 8 月 12 日，为革命奋斗了一生的戎妈妈与世长辞。这位英雄的母亲把自己全部的心血和爱都奉献给了中国人民的解放事业，她无愧于"子弟兵的母亲"的光荣称号。

抗日小英雄

王二小

王二小，你在哪里

“牛儿还在山坡吃草，放牛的却不知哪儿去了，不是他贪玩耍丢了牛，那放牛的孩子王二小……”这是当年流传在革命老区平山县的一首歌颂小英雄王二小的著名抗日歌曲。歌曲中的主人公的原型本名叫闫富华，平山县南滚龙沟村人。让我们倾听关于他的动人故事吧！

闫富华在家中排行老二，所以村里人都喊他二小。因家里穷，二小上不起学，12 岁时就给本村地主家放牛。二小是个肯吃苦而又乐于助人的孩子，自己家虽然不富裕，但他喜欢帮助别人，经常把自己的糠面饼子给没爹没娘的史林山吃。没有糠面饼子时，他就送一些黑枣、柿干给史林山充饥。后来两个人成为最好的朋友，一起给地主家放牛。

1941 年秋天，日本侵略军对晋察冀边区发动了残酷的“大扫荡”，乡亲们生活在水深火热之中。二小亲眼看到了日本鬼子的种种暴行,这在他幼小的心里埋下了仇恨的种子。他加入了儿童团，因为聪明能干，不久就当了儿童团的团长。9 月 16 日，日本鬼子来到了宅北乡，进行疯狂的“大扫荡”，企图找到八路军和粮食。此时，二小和史林山正在山上放牛。

二小忽然发现了敌情，忙告诉同伴说：“看，鬼子就在山岭那边，离这儿很近。”“那怎么办？快跑吧！”史林山惊慌地说。

“不行，你快去报信。我盯住鬼子！”二小说。

“二小，那太危险了，咱一块儿跑吧！”史林山着急地说。

“不行，这是命令，你快去报信，别管我！”二小坚定地说道。

史林山没办法，只好撒腿向隐蔽在本村的报社和印刷厂跑去。可二小却被鬼子发现了，五个鬼子端着刺刀随即将他包围起来。

“巴嘎！小孩儿，你的知道？八路粮食的有？”一个鬼子用刺刀逼着二小，恶狠狠地问道。二小暗自琢磨道：乡亲们和部队的叔叔们就藏在铧子尖前边，要是让鬼子发现了可就坏了。怎么办？他焦急万分，头上渗出一层细密的汗珠儿。“不说，死啦死啦的！”两个鬼子用刺刀架在二小脖子上。二小故作害怕地缩着脖子说：“好吧，俺领你们去找八路军。”他心里暗暗地想：小鬼子，俺知道八路军叔叔的埋伏圈，把你们带到那儿，让八路军叔叔狠狠地揍你们!

为拖延时间，从上午 9 时到下午 3 时许，二小一直领着鬼子在大山沟里瞎转悠。鬼子累得一个个上气不接下气，就用枪托打二小，鬼子一打，二小就故意大声喊叫，目的是让八路军听见，提前做好战斗准备。下午4时许，二小领着鬼子来到了八路军的埋伏圈。二小心想：八路军叔叔，你们在哪里？看到俺了吗？俺把鬼子领来了，快打呀！可仍不见动静，因为八路军从史林山那儿知道二小在鬼子手里，故而不敢轻举妄动。

正在这关键时刻，只见二小停下不走了，他想：八路军叔叔肯定是见俺和鬼子在一起，怕伤着俺。不行！俺今天就是死，也要让八路军叔叔狠狠揍这些日本鬼子！

“巴嘎！小孩儿，为什么不走了！你的良心大大的坏啦。死啦死啦的有！你说，八路在哪里？”鬼子队长来到二小跟前凶狠地揪住他的衣领。“狗日的小日本儿！你才死啦死啦的！”二小大声叫着，一把抱住鬼子队长向悬崖边滚去，想同鬼子队长同归于尽。鬼子兵见状纷纷扑来救鬼子队长。这时，一个鬼子用刺刀突然从身后刺进二小的胸膛，并用力将他举在半空。二小在半空疼得双手乱抓，腿脚乱蹬，大声喊道：“八路军叔叔，开枪啊！开枪啊！”

“巴嘎！”鬼子用力一甩，二小惨叫一声坠入了悬崖。看到这悲惨的一幕，八路军战士们流下了悲愤的泪水。

“打！”首长大喝一声。山顶上顿时响起密集的枪声，愤怒的子弹呼啸着射向日本鬼子。鬼子们哭爹喊娘，很快被歼灭。战斗胜利了，一千多名乡亲和晋察冀日报社、印刷厂人员得到了掩护。后来西北战地服务团诗人方冰和作曲家李劫夫根据二小的英雄事迹共同创作了《歌唱二小放牛郎》这首歌，很快，抗日英雄王二小的感人事迹和这首歌就传遍了祖国的大江南北。

西柏坡小歌谣

《歌唱二小放牛郎》歌词

牛儿还在山坡吃草
放牛的却不知哪儿去了
不是他贪玩耍丢了牛
那放牛的孩子王二小

九月十六那天早上
敌人向一条山沟扫荡
山沟里掩护着后方机关
掩护着几千老乡

正在那十分危急的时候
敌人快要走到山口
昏头昏脑地迷失了方向
抓住了二小叫他带路

二小他顺从地走在前面
把敌人带进我们的埋伏圈
四下里乒乒乓乓响起了枪炮
敌人才知道受了骗

敌人把二小挑在枪尖
摔死在大石头的上面
我们那十三岁的王二小
可怜他死得这样惨

干部和老乡得到了安全
他却睡在冰冷的山巅
他的脸上含着微笑
他的血染红了蓝的天

秋风吹遍了每个村庄
它把这动人的故事传扬
每一个老乡都含着眼泪
歌唱着二小放牛郎

唱出心声的歌

“没有共产党就没有新中国”

“没有共产党就没有新中国”

《没有共产党就没有新中国》这首被广大人民广泛传唱的歌曲，是一首激动人心、鼓舞斗志的歌。在它的激励下，中国共产党领导中国人民赢得了抗日战争、解放战争的胜利，从此积贫积弱的中国走向繁荣富强。你知道这首歌的作者是何许人吗？他就是著名作曲家曹火星。

曹火星是河北省平山县西岗南村人，1924 年出生，读中学时七七事变爆发，日本帝国主义发动了全面侵华战争，他不得不辍学回到家乡。抗日战争时期，根据地军民在中国共产党的领导下，一次又一次地粉碎了敌人的进攻，把老百姓从水深火热中解救出来。曹火星目睹了这一切，他深深体会到，只有依靠共产党才能打败日本强盗，共产党是中国人民的大救星。1938 年 2 月，曹火星参加了平山县农民抗日救国会，走上了革命道路，同年调平山县抗日救

没有共产党就没有新中国

1= A $\frac{2}{4}$

稍快

曹火星词曲

没有 共产党就 没 有新中 国， 没 有 共 产党就 没有新中 国， 共产 党

辛劳为民 族， 共产 党 他 一心救中 国， 他指给了 人民 解放的道 路，

他领导 中国 走向光 明，他 坚持了抗战 八年 多，他 改善了人民 生 活，他

建立了敌后 根据 地，他 实行了民主 好 处 多， 没有 共产党就 没 有新中

国， 没有共产 党 就 没 有新中 国。

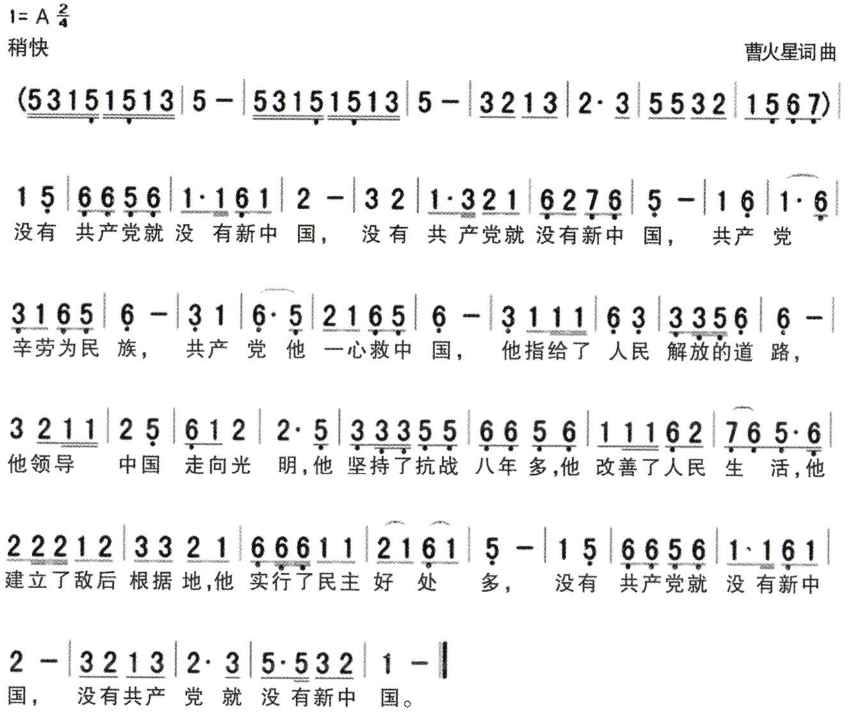

国青年联合会宣传队（即铁血剧社）任音乐队队长。1943 年，铁血剧社由晋察冀边区抗日联合会领导，随之更名为群众剧社。

抗日战争到了相持阶段，蒋介石及其国民党政府消极抗日，以国民党副总裁、国防最高会议副主席、国民参政会议长汪精卫为代表的国民党亲日派，在 1938 年 12 月公开投降。后来，在南京成立了伪中央政权——“中华民国国民政府”，国民党许多高官也跟了去。这一时期，国民党发动了三次反共高潮，客观上配合了日军对解放区进行的“扫荡”。

西柏坡小档案

加“新”字，歌更红

1950年，毛泽东听到女儿李讷和其他孩子们唱这首歌，他认为“没有共产党就没有中国”的说法不准确、不科学、不符合客观实际，立即纠正说，没有共产党的时候，中国早就有了，应在中国前面加一个“新”字，改为“没有共产党就没有新中国”。增加了一个“新”字，使歌词更符合实际，流传范围越来越广，至今仍脍炙人口。

1943年，蒋介石出版了《中国之命运》一书，其中写道：“没有国民党就没有中国。”中国共产党同年在《解放日报》发表题为《没有共产党就没有中国》的社论，对蒋介石的观点进行了批驳。当时，年方19岁的曹火星刚刚加入中国共产党，他义愤填膺，思绪像潮水般在脑海中涌现，一个鲜明的主题，在他脑海中产生。他怀着对共产党的无比热爱蘸着血和泪，用“没有共产党就没有中国”这句极具凝聚力和号召力的口号作为歌名，从肺腑中发出了时代的最强音，一挥而就，写下了《没有共产党就没有中国》，这首歌也就是后来广为传唱的《没有共产党就没有新中国》。

这首歌先在晋察冀解放区流传开来，随后，各个抗日根据地都唱了起来，深受广大军民的喜爱。这首饱含着人民群众抗战激情的歌，真实地反映了时代的心声。中国共产党领导中国人民唱着这首歌，打败了日本侵略者，推翻了蒋介石的反动政权，迎来了社会主义的新中国。

第三部分

布棚下面创辉煌

——实现耕者有其田

毛泽东曾经说过：中国革命最根本的问题是农民问题，农民最根本的问题是土地问题。中国共产党自建党以来，始终以改革封建土地制度为己任，并在不同革命时期，适时调整土地政策。遵照中共中央指示，中央工委于 1947 年 7 月 17 日至 9 月 13 日在西柏坡村召开了全国土地会议，通过了《中国土地法大纲》，领导了解放区的土地改革运动和整党工作，彻底废除了几千年的封建土地制度。千百年来，中国农民梦寐以求的历史夙愿得以实现。为了保家保田，翻身农民积极参军参战，大大提高了党组织和军队的战斗力，为解放战争的全面胜利奠定了坚实的基础。

布棚下面创辉煌

召开全国土地会议

千年大变革

胡绳在他主编的《中国共产党的七十年》中这样评价土地改革：在如此广阔的范围内进行土地制度改革，是中国几千年历史上一次翻天覆地的大变革，它从根本上废除了在中国大地上盘根错节的封建制度的根基，使长期遭受地主阶级残酷压迫和剥削的农民大众翻身做了主人。中国共产党领导中国人民，不仅在反对帝国主义的斗争中，而且在反对封建主义的斗争中，创造出了过去中国任何政党都不曾有过的丰功伟绩。

“晴天霹雳一声响，布棚下面创辉煌。打土豪，烧地契，喜笑颜开分田地。共产党使咱翻了身，咱要报答共产党的恩；去支前，去参战，人人争到打蒋第一线。”

这是解放区土地改革时期广为流传的一首民歌，唱出了千千万万劳动人民的心声。这“布棚下面创辉煌”就是指在西柏坡村召开的那次全国土地会议。

刘少奇在全国土地会议上作报告

1947 年 7 月，各解放区的代表带着战场的硝烟，穿过敌人的封锁线，历尽千辛万苦，风尘仆仆地来到西柏坡，参加即将在这里召开的全国土地会议。

7 月 17 日，全国土地会议在西柏坡胜利开幕。会场设在西柏坡村恶石沟边的一个打麦场上。场北头有一个稍高出场面的土台子，上面还放着两张漆面斑驳、褪了色的长条桌和几个长条凳，这便是主席台了。打麦场四周的槐树和大叶杨将 7 月的骄阳筛成了细碎的光斑，一张巨大的帆布系在麦场边的四棵大树上，扯起了一个大棚用以遮阳。会场既无标语、口号，也无沙发、麦克风，更无茶水和热毛巾。台下参会代表散坐在树荫和布棚下，有的坐在石头块上，有的干脆坐在地上，听刘少奇、朱德等作报告。

出席全国土地会议的正式代表有 107 人。在解放战争时期能集中各地这么多代表，以历时近两个月的时间讨论土地问题，在中国共产党历史上是前所未有的。会议从 1947 年 7 月 17 日开至 9 月 13 日，讨论并通过了彻底消灭封建剥削制度的土地改革的纲领——《中国土地法大纲》。它的公布与实行总结了中国共产党二十多年来土地革命的基本经验教训，调动了农民革命与生产的积极性，对保证战争胜利起了决定性的作用。

《中国土地法大纲》是一部比较完备的彻底的土地法。它吸收了以往土地革命的实践经验，为在全国彻底消灭封建剥削的土地制度提供了一个基本纲领。它明确规定了彻底消灭封建性半封建性剥削的土地制度。大纲明确规定“废除封建性及半封建性剥削的土地制度，实行耕者有其田的土地制度”。“废除一切地主的土地所有权”。关于土地分配的办法是“按乡村全部人口，不分男女老幼，统一平均分配，在土地数量上抽多

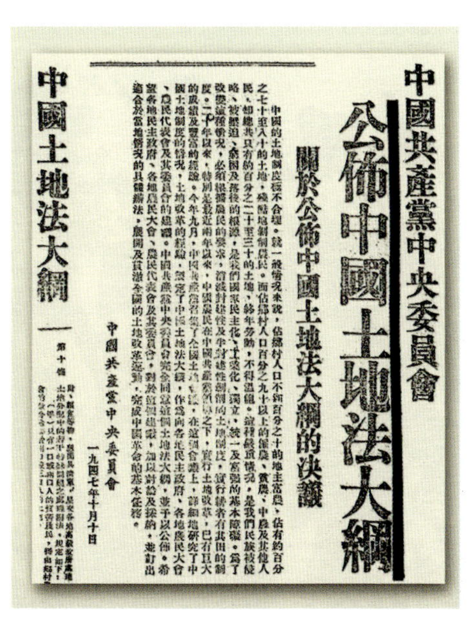
中國共產黨中央委員會

公佈中國土地法大綱

關於公佈中國土地法大綱的決議

中國的土地制度極不合理。就一般情況來說，佔鄉村人口不到百分之十的地主富農，佔有約百分之七十至八十的土地，殘酷地剝削農民。而佔鄉村人口百分之九十以上的僱農、貧農、中農及其他人民，卻總共只有約百分之二十至三十的土地，終年勞動，不得溫飽。這種嚴重情況，是我們民族被侵略、被壓迫、窮困及落後的根源，是我們國家民主化、工業化、獨立、統一及富強的基本障礙。為了改變這種情況，必須根據農民的要求，消滅封建性及半封建性剝削的土地制度，實行耕者有其田的制度。二十年以來，特別是最近兩年以來，中國農民在中國共產黨領導之下，實行土地改革，已有巨大的成績及豐富的經驗。今年九月，中國共產黨召集了全國土地會議，在這個會議上，詳細地研究了中國土地制度的情況，土地改革的經驗，制定了中國土地法大綱，作為向各地民主政府、各地農民大會、農民代表會及其委員會的建議。中國共產黨中央委員會完全同意這個土地法大綱，並予以公佈。希望各地民主政府、各地農民大會、農民代表會及其委員會，對於這個建議，加以討論及採納，並訂出適合於當地情況的具體辦法，展開及貫徹全國的土地改革運動，完成中國革命的基本任務。

中國共產黨中央委員會

一九四七年十月十日

中國土地法大綱

中共中央关于公布《中国土地法大纲》的决议

晋察冀军区某部战士拥护《中国土地法大纲》

土改中解放区农民举行集会

补少，质量上抽肥补瘦，使全乡村人民均获得同等的土地，并归各人所有”。关于民族工商业，大纲规定：“保护工商业者的财产及其合法的营业，不受侵犯。”它还规定了农民大会及其选出的委员会为土改的合法执行机关，规定可以组织人民法庭来保证贯彻土改的政策法令，维护革命秩序。

“土地回老家”锦旗

西柏坡纪念馆存有一面锦旗，上面端端正正地绣着“土地回老家”的字样。这五个大字正是翻身农民的真情表达。当解放区的乡亲们在土改中获得了土地的那一刻，纷纷拥向田间、地头，争着抢着捧起那散发着芳香的泥土，揣在胸前用心感受着。有的人扑到地上，把脸紧紧地贴在那使自己辛苦了一辈子，却到现在才属于自己的土地上，激动得热泪纵横。农民们获得土地后爆发出了空前的热情和力量，投入到帮助共产党打败国民党的战争中。他们努力发展生产，保障物资供应；他们积极投身前线，送大批优秀儿女参军支前，有力地支援了解放战争。

参军参战支援前线

《中国土地法大纲》的贯彻实施，促进了解放区生产的发展，在消灭封建土地制度的基础上，农村的阶级关系发生了新的变化；广大农民从封建的生产关系中解放出来，生产积极性空前高涨，促进了社会生产力的发展，使解放区农村的经济面貌迅速改变。大纲的实施，充分调动了广大农民群众的革命积极性，他们为了保卫革命胜利果实，掀起了踊跃参军参战、支援前线的热潮，为革命战争的顺利进行提供了取之不尽、用之不竭的人力和物力源泉。

情系群众

刘少奇指导土地改革

群众利益至上

一切政策的决定、修改和执行，口号的提出与转变，都必须有群众观点，走群众路线。衡量政策的正确与否，要以最大多数人民的最大利益为标准。

刘少奇一生都非常重视党的群众路线，在延安、西柏坡等多地常讲安泰脱离大地而导致失败的故事，提出要善待群众，真心对待群众，因为群众是共产党人的母亲。所以在轰轰烈烈的土改运动中，各地都派出了土改工作组，深入到村村镇镇，密切联系群众，一方面把党的路线、方针和政策向群众说明白、讲清楚，把党的主张化作群众的自觉行动，一方面关心群众，帮助群众，倾听群众意见，增强认同感，为更好地开展工作打开局面。

1947年初夏的一天，刘少奇为制定政策进行调研，到西柏

西柏坡小档案

安泰的故事

古时候，有一个人叫安泰，是希腊神话中的大力士，有着无穷的力量。当他接触地面时，力大无穷，所向无敌，而脱离地面时，力量就消失了。后来，敌人掌握了他的弱点，设法把他诱到半空中，把他勒死了。刘少奇以此告诫全党要密切联系群众，依靠群众，决不能脱离群众，否则就要失去战斗力，就要失败。

坡村附近的西沟村去了解情况。刘少奇一进村，就有一个老农跑过来，哭诉着，说他自己不是富农，而是中农，成分划错了，地分错了。刘少奇马上停下来，拍着老乡的肩膀安抚着他，并温和地听他讲述。听完后，转身对身边的工作人员说："这就是拦路告状。为什么会告到我这里？是因为他们觉得在你们那里解决不了，没有办法才这样。老百姓不会平白无故滋事、找事，所以一定是有问题。"接着又说："我们领导干部要善于用权，群众遇到问题，向我们反映，要寻求解决方法。这需要咱们深入下去，走访调研，了解实际情况，帮助解决。所以这个老乡提出的问题要复查一下。"

后来，工作组成员在复查中，照着刘少奇同志的指示，深入细致地走访了个别贫下中农，掌握了确切的材料，经过群众的讨论同意，并报告土改工作团批准，实事求是地把确实不够富农成分的那户人家，重新评定为中农成分。不仅如此，而且还有另两户原定为富农成分的，也做了实事求是的处理。这一时期，刘少

雕塑：刘少奇深入农户调查的“一家人”

奇这种倾听老百姓呼声、从细节着手实事求是地解决问题的工作态度深深地印在当地群众和随行干部的心上。

在土改中，有一次刘少奇听到有人反映，在召开的贫下中农座谈会上，群众反映得最多的是对村干部的意见。这些意见多集中在某些干部办事强迫命令、不公平和不民主方面。而在村干部代表座谈会上，反映比较集中的则是干部难当，上级布置下来的任务，不完成不行；任务完成了，却得罪了群众。土改工作开始后，部分村干部对工作不敢大胆负责，甚至有撂挑子现象。

针对这些反映和意见，刘少奇亲自参加了几个村的干部群众座谈会，分别做了恰如其分的、实事求是的解释说明和深入细致

全国土地会议期间，刘少奇主持会议，由于胃疼，他经常抱着一只暖水袋，焐着肚子和大家座谈讨论。开会的同志们都替他担心，关切地劝他多休息，他却微微一笑，继续坚持开会。因为他的心里装着劳苦大众，想让农民早一点获得属于自己的土地。这只暖水袋是全国土地会议的历史见证。

刘少奇用过的暖水袋

的思想工作。他首先肯定了干部的功劳，说在日军“扫荡”的时候，干部帮助村民转移，掩护村民财产，按时完成上级布置的任务，功劳很大。接着，他对群众反映的办事强迫命令、不民主的现象，说要具体分析，有时，战争紧迫，任务紧，事先不同群众商量就办了，这上级也有责任，不能全怪村干部。最后，他又专门对村民干部代表说，干工作，还是尽量走群众路线，到群众中去，和群众谈心，听取群众的意见，按群众意见办事。群众思想有偏差，要引导教育，这是村干部的责任。同时他还指出，干部要善于当领导，要加倍努力，把工作做得更好。有意见可以而且应当提出来，但一定要学会当领导，用权力时要想着群众，才能把生产搞好，和群众一起支援战争，去战胜共同的敌人。

翻身不忘共产党

靠山屯农民写给毛主席的信

共产党是为穷人打天下的

土地改革运动，实现了中国农民数千年来得到土地的奋斗目标，广大农民在土改运动中获得了土地，翻身做了主人。他们因此而认准了一个道理：共产党是为穷人打天下的，翻身不忘共产党，一生跟着共产党走！

农民是土改运动中最大的受益者，发生在翻身农民身上的变化可以从他们的话语和行动中表现出来。

在西柏坡纪念馆保存着一封土改期间来自遥远的哈尔滨顾乡区靠山屯翻身农民写给毛主席的信，写信人是靠山屯的全体翻身农民，收信人则是毛主席。

信写在两张十六开的信纸上，由于年代久远，信纸已经发黄，但字里行间涌出的真情，依然深深感动着人们。信中写道："毛主席呀！没有您，我们真得饿死啦，这回我们都翻身了，分了地，

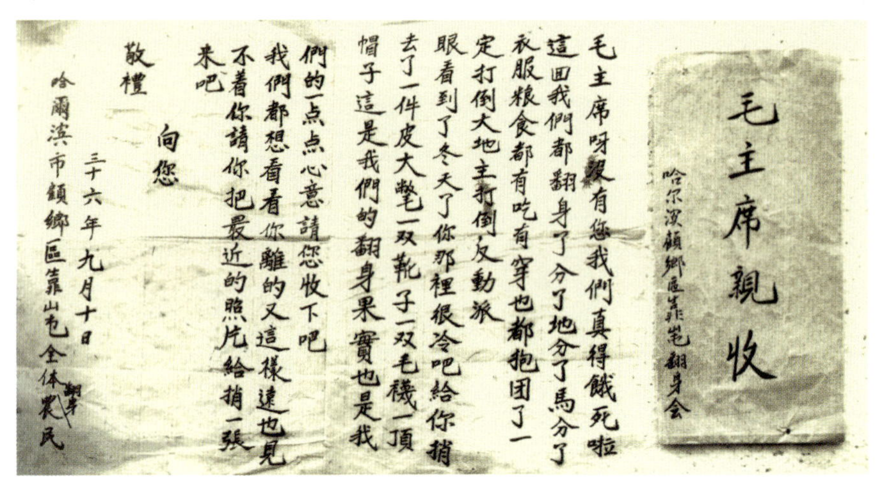

毛主席親收

哈尔滨顧鄉區靠山屯翻身会

毛主席呀沒有您我們真得餓死啦
這回我們都翻身了分了地分了馬分了
衣服粮食都有吃有穿也都抱团了一
定打倒大地主打倒反動派
眼看到了冬天了你那裡很冷吧給你捎
去了一件皮大氅一双靴子一双毛襪一頂
帽子這是我們的翻身果實也是我
們的一点点心意請您收下吧
我們都想看看你離的又這樣遠也見
不着你請你把最近的照片給捎一張
來吧

向您

敬禮

三十六年九月十日

哈爾濱市顧鄉區靠山屯全体翻身農民

1947 年 9 月 10 日，哈尔滨市顾乡区靠山屯翻身农民给毛主席的信

分了马，分了衣服、粮食，都有吃有穿，也都抱团了，一定打倒大地主，打倒反动派！眼看到了冬天了，你那里很冷吧？给你捎去了一件皮大氅、一双靴子、一双毛袜、一顶帽子，这是我们的翻身果实，也是我们的一点点心意，请您收下吧。……”

土改期间，靠山屯农会会长是李学思，威信较高，且在地主家里扛长工 18 年，受压迫很深，大家一致同意把没收来的皮大氅等物分给他。李学思拿回家后，他妻子觉得这件皮大衣很珍贵，便认真地包裹起来。第二天，土改工作队的郭蕻生和柏杰来李学思家谈土改工作。李学思当时兴致很高，眼角眉梢都透露着农民获得土地的高兴劲儿，并说起分给自己的宝物——皮大氅。这时郭蕻生说：“人民翻身了，得到土地了，靠的是谁？”李学思说：“是共产党，是毛主席。”说完后，李学思马上决定将这件珍贵

西柏坡小档案

土地改革的意义

土地改革运动，使农民所得到的土地占到总面积的95%，基本上满足了农民对土地的要求，从经济基础上彻底摧毁了地主阶级。这实现了中国农民数千年来得到土地的奋斗目标，使农民真正从经济上翻身做了主人，从而更深入、更广泛地调动了农民群众革命和生产的积极性，使生产力获得了极大的解放。

的大衣等分来的物品捐出去表示心意，便说："我一个老农民，能穿这么好的衣服吗？献给远方的毛主席吧！"郭蕻生和柏杰感到李学思思想觉悟这么高，很是高兴，随即表示了同意。之后柏杰执笔代哈尔滨顾乡区靠山屯全体农民写下了那封给毛主席的信。于是李学思的妻子再次用包裹把大衣包好，又用线缝结实，由李学思交给了工作队，随信一起转交给毛主席。

可想而知，这封信代表的不仅仅是靠山屯的农民，也代表着全国所有的农民。这些最朴实、掏心窝子的话语，融入的是最朴素也最真诚的情感，那就是农民们对党、对毛主席的深深爱戴和感激之情。

兵民是胜利之本

亓成功的家书

兵民是胜利之本

革命战争是群众的战争，只有动员群众才能进行战争，只有依靠群众才能进行战争。毛泽东曾说过："战争的伟力之最深厚的根源，存在于民众之中。""兵民是胜利之本"。

三大战役期间，获得土地的广大农民群众带着巨大的热情，在"一切为了前线胜利"的号召下，从各方面支援前线作战，做到"解放军打到哪里，我们就支援到哪里；前线需要什么，我们就送什么"。

1948 年冬天，淮海大地硝烟正浓，中国人民解放军以 60 万人对国民党 80 万军队，敌强我弱，外线作战粮草不济。正是在这种情况下，翻身农民组成了强大的支前队伍，浩浩荡荡奔赴前线，打响了淮海战场上规模空前的人民战争。当时，华北、中原、华东三大解放区的粮食、物资汇成了一股波澜壮阔的洪流，成千上万的民工奔忙在淮海前线——手推、肩扛、车拉，一路上欢声笑语，声震四野。

在这些支前队伍中，有从胶东威海跋涉2000余里的民工；有碾好粮食冒着风雪送到前线的华北民工；有一天吃一顿饭，甚至两天只吃一顿饭，而丝毫不肯动车上油盐米面的新解放区民工。亓成功是来自鲁中南地区的支前英雄。就在随部队运送军粮的途中，村里来信告诉他父亲病故了。首长让他回家料理丧事，可他却说："俺爹已经死了，回去也没用，还是支援前线要紧。"说罢，他从背干粮的包袱上撕下一条白布缠在了头上，"俺坚决完成好任务再回家，这条白布就算是给俺爹戴孝了"。

这时，天空飘起了雪花，亓成功把身上仅有的一件棉衣脱下来盖在了米面上，他说："这粮食已经过了山东、安徽、江苏三省，咱身子冷点没事儿，棉衣湿了不要紧，可前方同志正等着我们的粮食，我们可不能让面淋坏了啊。"

这期间，已是淮海战役支前英雄的亓成功给全村父老乡亲写了一封信，他写道："各家老幼均安，请大家不要挂念，我们离家为的是最后的伟大胜利，也是一次立功的机

西柏坡小歌谣

支前民谣

当时在解放区流传着这样一首支前民谣："最后的一碗米，送去做军粮；最后的一尺布，送去做军装；最后的老棉被，盖在担架上；最后的亲骨肉，送到战场上。"

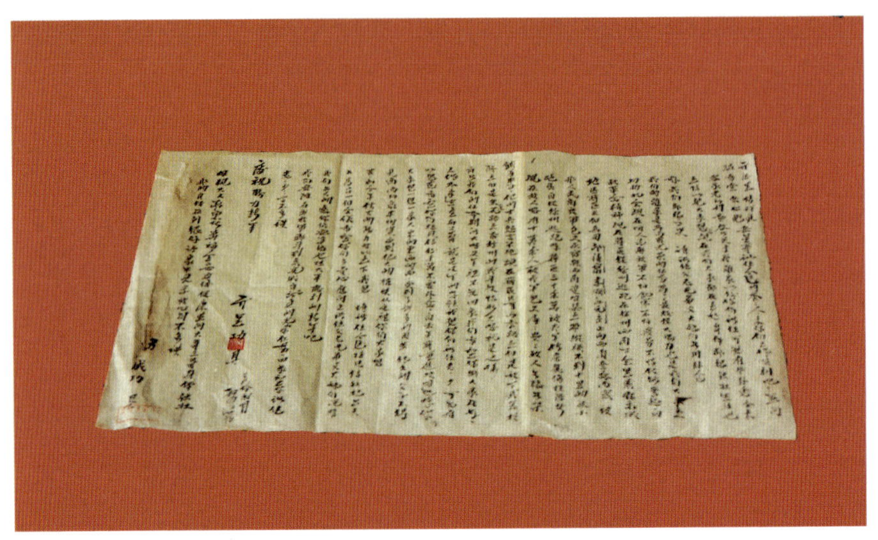

亓成功的信

会。大家想一想，自去年蒋匪进攻我处，一家人东的东、西的西受了多少苦，亲人不能见面，而且物资受到巨大损失。现在咱人民解放军不怕饥寒，不怕疲劳，不惜任何代价把蒋匪邱清泉、李弥、孙元良三个兵团包围在宿县双堆集一带，敌人只有两条路可走，或投降，或待毙，今年新年大概我们不能回家，希望接到信后不要挂念。”这封信随着年代的久远，字迹已模糊不清，但它却历经了战火的洗礼，在西柏坡纪念馆向人们静静诉说着解放战争时期人民参军支前的感人场面。

亓成功与他一同支前的民工们早已远离了弥漫的硝烟，迎来了久盼的和平。可作为支前的历史见证，亓成功的这封家书，无声地讴歌着人民战争的伟大胜利，讴歌着高昂的爱国主义和浓浓的军民鱼水情！

第四部分

部署指挥战略决战

——运筹帷幄，决胜千里

从1946年蒋介石挑起全面内战以来，国民党先后发动了对解放军的全面进攻和重点进攻。人民解放军经过两年多的艰苦作战，将战争引向国民党统治区域，中国的军事形势发生了根本的变化。党中央、毛主席全面正确地分析了战争形势，适时把握时机，运筹帷幄，决胜千里，与国民党展开了战略决战。辽沈、淮海、平津三大战役自1948年9月12日开始，至1949年1月31日结束，历时4个月零19天，歼灭和改编国民党军队154万余人，基本摧毁了国民党赖以维持其反动统治的主要军事力量，使解放战争取得决定性的胜利，全国解放指日可待。

“世界上最小的司令部”

西柏坡中央军委作战室

运筹帷幄，决胜千里

周恩来曾在西柏坡说：我们这个指挥部可能是世界上最小的司令部，我们一不发枪，二不发粮，三不发人，就是天天发电报，就把国民党打败了！

凡到过西柏坡的人，一定会注意到四间小土屋。它静静伫立在苍松翠柏的掩映之中，白灰抹墙，灰沙砸顶，跟太行山中千百万普通农家房舍没有什么两样。可四面墙上挂的几张精确、硕大的军用地图会告诉你，这可不是几间寻常的屋子，而是指挥打仗的地方，它便是三大战役的总指挥部——军委作战室。

军委作战室内设三个科：作战科、情报科、战史资料科。在那战火纷飞的年代，作战室的工作人员繁忙而有序地工作着。他们研究汇集敌我双方的作战情况，及时向党中央、毛主席报告。根据党中央、毛主席的指示下达命令。作战室的墙上挂有军用

军委作战室外景

军委作战室内景

地图，工作人员根据战局在地图上标出战场变化情况。

中央军委作战室每周开一次总结会，总结、分析一周的战局变化，提出下一步的作战计划和设想。朱德经常来军委作战室，每周一次的总结会他是必到的，并时常对作战室的工作给以具体指示。作战室新提供的大量军事资料和数据，都要经过朱德、周恩来认真地研究、核对并拿出自己的意见之后，才送到毛泽东那里。

1948 年秋天的西柏坡，小山村的夜不再寂静。日日夜夜，中央军委作战室里灯火不熄，参谋们的匆匆步履穿梭于毛泽东、周恩来等领导人办公室和作战室之间。嘀嘀嗒嗒的电波声，划破寂静的夜空，将一封封电文发往东北大地，发往淮海战场，

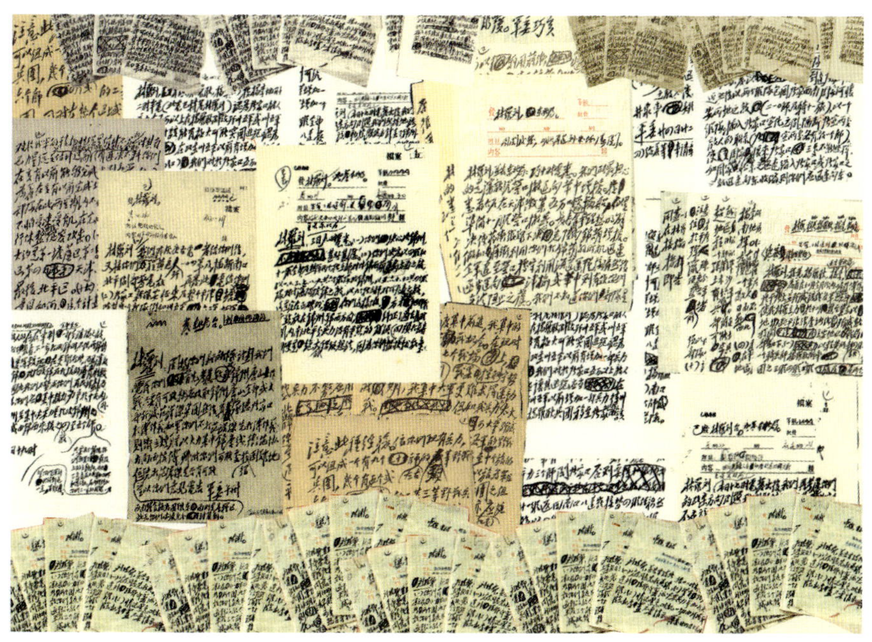

西柏坡时期，中共中央发往前线的部分电报稿

发往平津前线。据统计，仅在三大战役期间，发往前线的电报就达四百多封，首战辽沈，决战淮海，战和并用取平津，短短的 4 个月零 19 天，英勇的人民解放军就歼灭和改编国民党正规军 154 万余人，使国民党赖以维持其反动统治的主要军事力量基本上被消灭。三大战役的胜利，标志着中国人民解放战争在全国的胜利已成定局。

西柏坡小档案

红毛线、蓝毛线

说起毛线，我们感到非常熟悉而亲切，它可以用来做毛衣、毛裤等用品，给我们带来温暖和幸福，但谁又能想到这一根根毛线曾与中国的命运连在一起呢？

当时西柏坡的工作和生活条件仍然很艰苦，工作人员绘图、制表用的红、蓝铅笔都是从敌人那里缴获的。为了节省铅笔，他们就用红、蓝毛线标图。红毛线表示我方，蓝毛线表示敌方。每天的战局变化纷繁复杂，参谋们就不厌其烦地用红、蓝毛线在地图上标来标去，一圈一圈地去拴。先是拴住了沈阳，接着又套住了徐州、淮海，最后红毛线干脆套到了平津的脖子上。虽然当时条件艰苦，但是大家的革命热情十分高涨。

如今，用红、蓝毛线描绘地图的时代已经离我们远去了，但这种艰苦奋斗的作风我们永远不应忘记，要一代一代地传下去。

电报争锋定乾坤

首战辽沈

关门打狗　决战黑土地

“关门打狗”是指关起门来打狗，这样狗就无路可逃，打起来易如反掌。1948 年 9 月，毛泽东果断抓住战机，部署指挥了三大战役，并把首战放在东北战场，并提出了“关门打狗”战略，而且把这个“门”设在了锦州。他认为，如果能够成功关闭东北大门，不仅能够分割蒋介石战略集团，而且也缓解了华北、华东地区人民解放军的作战压力。锦州，从中国地图上看，它所在的位置就相当于一只大公鸡的咽喉部位，战略位置非常重要。如果能够占领，国民党在东北的 50 万大军就会首尾不能相顾，被消灭在东北这块黑土地上。

1948 年 10 月 4 日凌晨，毛泽东收到了东北野战军总部决定“仍打锦州”的电报。这时，远在千里之外的他才终于松了一口气，毕竟他等这封迟到的电报已经很久了。毛泽东顾不上连日的疲劳，于 4 日清晨 6 时即给东北野战军总部复电表示：“你们决心攻锦州，甚好，甚慰。”“在此以前我们和你们之间的一切不同意见，现在都没有了。”终于为“战锦”这个“大问题”画上了圆满的句号。

锦州之战是解放军与国民党军队之间的一场战役，它是辽沈战役的第一阶段，也是全战役的关键一步，因为只有攻克锦州，切断东北与华北的联系，才能将东北国民党军队全部封锁，就地歼灭。鲜为人知的是，林彪对毛泽东命令打锦州的电报有过多次的抵触和拖延。毛泽东又是怎样说服他的呢?

1948年4月，东北没有小仗可打，国民党部队分别困守在长春、沈阳、锦州三个孤立的点上，我们必须寻找战机。当时中央军委和东北指挥部争论的焦点就集中在攻打长春还是锦州的问题上。

毛泽东意在锦州。打下锦州，关上东北大门。锦州，位于辽西走廊，依山面海，是连接关内外的咽喉要道和军事重镇，自古有“山海要冲，边关锁匙”之称。对于东北战场而言，锦州就是东北的门户。一旦东北野战军打下锦州，那就相当于关上东北通向关内的大门。因此，蒋介石对于锦州也是非常重视，他曾对部下说：锦州一战，直接关系东北形势的好坏。为此，蒋介石决定力守锦州，并兵分东西两路，分别为侯镜如、廖耀湘兵团，命令其从锦西、沈阳东西对进增援锦州。

但是，东北野战军却决定攻打长春，林彪提出攻打长春的优势和南下作战的困难以及不利条件。毛泽东回电没有完全否决林彪，但是在结尾点出：“你们自己（特别在干部中），只应说在目前情况下先打长春比较有利，不应当强调南下作战之困难，以免你们自己及干部在精神上处于被动地位。”1948年5月中旬，

毛泽东起草的关于辽沈战役作战方针的部分电报

东北野战军试打外围战，发现长春之敌并非设想的那样不堪一击，林彪开始犹豫。随后 5 月 29 日，林彪再次致电中央军委时，改“硬打长春”为“以一部兵力久困长春”。紧接着，林彪提出攻打长春的三个方案，中央基本同意以三至四个月的时间攻下长春的这个方案，但是，毛泽东仍在向林彪强调一定要做好“南下作战的准备”。一直到 7 月中旬，经过三个月的深思熟虑，林彪终于同意南下北宁线。但是对于直打锦州，林彪仍有犹豫。8 月 9 日、8 月 12 日，毛泽东连发两电，批评林彪的迟疑行动。直至这时，东北野战军才下定决心行动。9 月 7 日，毛泽东致电林彪等，明确阐释了南下北宁线的作战方针：“现在就应该准备使用主力于该线，而置长春、沈阳两敌于不顾，并准备在打锦州时歼灭可能由长、沈援锦之敌。”最后，毛泽东提出了解放战争时必须适应的一种战场常态，那就是“确立打你们前所未有的大歼灭战的决心”。

锦州之战就要打响，10 月 2 日 22 时，东北野战军指挥部行进在前往锦州前线的火车上，林彪收到情报，得知国民党部队新五军及独立第九十五师已经海运到葫芦岛，准备增援锦州。林彪考虑到国民党军极有可能从锦西和葫芦岛全力增援锦州，而锦西距离锦州仅仅 50 公里，地形无险可守，打锦州时可能内外受敌，因此再次动摇了打锦州的决心。当晚，在夜色中疾驰的火车上，林彪向中央军委发出了一封特级绝密电。

其实，林彪发出这封电报后，已经觉得不妥，于是吩咐秘书到机要处追回那份电报。秘书去机要处后回来报告：电报业已在 10 月 3 日 4 时许发出。因此，上午 9 时，林彪及罗荣桓等再发一电，不改计划。但阴差阳错，这封电报却直到当天的后半夜才到了毛泽东手中。就在这十几个小时的时间差里，毛泽东焦急万分。

毛泽东收到东北野战军 10 月 2 日 22 时电报，非常生气。在间隔了仅仅两个小时的时间内，连发了两封电报。10 月 3 日 17 时，毛泽东起草了一份 4A 级电报，内容是不同意打长春的方案，说明攻锦决心不变，“四五月间，长春之敌本来好打，你们不敢打；七月间，长春之敌同样好打，你们又不敢打；现在攻锦部署业已完毕……你们却又不敢打……”行文可见态度严厉。

电报发出后，毛泽东仍然放心不下，19 时又拟一稿，进一步解释了坚持攻锦的态度和原因。开篇即写：“我们再考虑你们的攻击方向问题，我们坚持地认为你们完全不应该动摇既定方针，丢了锦州不打，去打长春。”并再次分析攻打锦州的战略意图和利弊。

两封批评电报发出后，4 日凌晨，毛泽东收到了东北野战军总部决定“仍打锦州”的那封迟来的电报。这时，他才终于松了一口气。

人民解放军向锦州发起总攻，数百门大炮发出惊天动地的怒吼

辽沈战役中，在强大炮火掩护下人民解放军突击部队冲向锦州城垣

10月9日，锦州外围战打响，10月11日，锦州全线攻破。至此，东北野战军以伤亡2.4万人的代价取得歼灭锦州10万守军的伟大胜利，东北“剿总”副总司令兼锦州指挥所主任范汉杰被俘后，在受到林彪、罗荣桓接见时，感慨：“这一招非雄才大略之人是做不出来的。锦州好比一条扁担，一头挑东北，一头挑华北，现在是中间折断了。”

中共中央就是以这一封封电报左右着战局，决定了新中国命运的走向。

西柏坡小档案

中共中央为什么把战略决战的首战选定在东北战场？

中共中央为什么选定首先在东北战场展开决战？因为当时东北战场的态势对人民解放军最为有利。东北的国民党军队虽然还有55万人，但已被分割压缩在长春、沈阳、锦州三个孤立的地区；而东北解放军正规部队总兵力达70万人，连同地方部队33万人，共计100余万人，在数量上已大大超过敌人，并有一支颇具威力的炮兵部队。东北的解放区面积已占97%，人口占86%，2100多公里的铁路线已有2000公里掌握在人民手中，经过土改和清剿土匪，后方巩固。把战略决战的方向首先指向东北战场，夺取胜利较有把握。这样做，既可以粉碎国民党军队的战略收缩企图，又可以使东北人民解放军随后腾出手来转入关内作战，还可利用东北的工业支援全国解放战争，从而有利于整个战局的发展。

巧施“空城计”，吓退十万兵

毛泽东智退敌兵

空城计

提起“空城计”，你一定会想起三国时期诸葛亮巧设空城计，吓退司马懿40万大军的故事。“空城计”是三十六计之一，指在敌众我寡的情况下，缺乏兵备而故意示人以不设兵备，造成敌方错觉，从而惊退敌军。本文讲的是发生在解放战争时期，毛泽东在西柏坡巧施“空城计”，吓退国民党10万大军的真实故事。

1948年秋，在我军各个战场捷报频传，国民党穷途末路之际，蒋介石乘飞机到北平与华北“剿总”司令傅作义密谋，妄想乘我晋察冀主力部队在平绥线作战，冀中、冀西兵力薄弱之际，突袭我党中央驻地。

我党驻北平地下工作者得知这一情况后，冒着机毁人亡的危险，破例开机发报，将这份紧急情报变成一道无形的电波通过华北军区的电台传到了中共中央和解放军总部所在地西柏坡。

这时的西柏坡，还像往常一样平静，阳光明媚，秋风送爽。村前的滹沱河水仍在缓缓流淌，村后的柏坡岭依旧那样苍翠美丽，沿河两岸的田野稻谷飘香，微波荡漾，军民都沉浸在丰收的喜悦中，唯有中央军委机要室和作战室，电键声声，电话频传，气氛显得格外紧张。

从保定到石家庄还不到150公里，如果敌人依靠他的快速运输和空中优势，不顾一切地突进，只需两天，最多三天，便可到达石家庄，而我野战军主力远在平绥线作战，即使日夜兼程，赶到保定也需四天，从北平以南至石家庄，我军没有主力部队，石家庄实实在在是一座空城。

工作中的周恩来

情况紧急，形势十分严峻。在这样一个外有敌兵、内无御敌之军的情况下，毛泽东表现了革命领袖的大智大勇，他依旧是那样镇定自若，谈笑风生。面对大敌压境，胸中自有退敌之策。

面对敌人重兵压境，毛泽东、朱德、周恩来等立即研究作战方案。经过充分考虑，最后做出作战部署：在军事上调动部队和民兵抗阻奔袭南进之敌；在政治上揭露敌人的阴谋。

周恩来随即调兵遣将，进行具体指挥，致电华北军区司令员聂荣臻等，简要地通报了敌军偷袭计划，命令华北军区部队立即赶至指定地点阻止敌军南下。华北军区接到中央军委命令后，于10月25日、26日两次电令三纵、七纵和冀中、北岳等部队，做出了具体作战计划。

西柏坡小档案

毛泽东关于《蒋傅匪军妄图突袭石家庄》的新闻稿

新华社华北25日电：当我解放军在华北和全国各战场连获巨大胜利之际，在北平的蒋介石和傅作义，妄图以突击石家庄破坏人民的生命财产。

据前线消息：蒋傅匪军决定集中九十四军三个师及新二军两个师经保定向石家庄进袭，其中九十四军已在涿县（今涿州市）、定兴间地区开始出动。

消息又称：该匪部配有汽车并带有炸药，准备进行破坏。但是蒋傅匪军此种穷极无聊的举动是注定要失败的。华北党政军各首长正在号召人民动员起来，配合解放军，坚决、彻底、干净、全面地歼灭敢于冒险的敌军。

为了从政治上彻底粉碎偷袭阴谋，毛泽东当即拿起毛笔，写下了第一篇新闻稿《蒋傅匪军妄图突袭石家庄》，10 月 25 日晚由电台播发。这篇新闻稿准确地揭露了蒋介石、傅作义的偷袭阴谋，并把敌人的行军路线、作战部署等说得一清二楚。蒋介石听了广播后，气得暴跳如雷，马上打电话给傅作义，令其立即查办泄露军机者，并命令按照原计划行动，争取在解放军主力到达前，一举捣毁中共中央总部。

消息播出后，敌人是否会停止行动呢？当时我们还无法判断，所有战备丝毫不敢放松。周恩来整日守在作战室，用电话指挥华北军区和各野战军，一方面收集敌人偷袭的动态，一方面调动部队阻击敌人进攻。10 月 27 日凌晨 4 时半、6 时、7 时，仅仅两个半小时时间，周恩来曾三次写信向毛主席书面汇报我军的部署情

1948 年，蒋傅军偷袭西柏坡时，周恩来给毛泽东写的三封信

况，情况越来越紧急。

毛泽东又为新华社写下了第二篇新闻稿《华北各首长号召保石沿线人民准备迎击蒋傅军进扰》，新华社 10 月 27 日播出。这条新闻明白地告诉敌人，解放区军民已做好充分准备，严阵以待，如果胆敢来犯，只能是自取灭亡。

在播出这则消息的同时，我军又在军事上做了严密的部署，但敌人仍没有回头的意思。此时，毛泽东正在密切关注着前线的动向，他挥笔疾书，为新华社写下了第三篇新闻稿《蒋傅军已进至保定以南之方顺桥》，新华社于 10 月 29 日播出。电文报道郑挺锋率其两个师在 28 日推进到保定以南的方顺桥地区，以示我军对敌人的具体行动了如指掌，一切均在我军的掌握之中。敌军如果“偷袭”，将有来无回。

由于毛泽东巧妙地利用情报做文章，再加上华北军区第三纵队和第七纵队提前赶到预定布防地域，在地方武装和民兵的配合下，对敌人很快形成了迎面阻击和南北夹击之势。鄂友三指挥的骑兵十二旅刚到唐河南岸就落入了人民解放军的埋伏圈，被歼灭了一个团。郑挺锋所率主力第九十四军和第一〇一军一个师在定县附近被我军第七纵队截住，激战一天，伤亡几百人，于 31 日撤回北平。其他敌军见偷袭无效，也急忙撤回。就这样，蒋、傅挖空心思、精心策划的偷袭阴谋仅一个星期即告破产。

10 月 31 日，当毛泽东得知敌军撤退的消息后，为使空城计善始善终，又提笔写了最后一篇新闻稿《评蒋傅匪军梦想偷袭石家庄》，他嘲笑了蒋介石在东北战场的失败，揭露了傅作义部企图偷袭石家庄的阴谋，写得气势磅礴、深刻有力："……究竟他们要不要北平？现在北平是这样的空虚，只有一个青年军二〇八师在那里。通州也空了，平绥东段也只是稀稀拉拉的几个兵了。总之，整个蒋介石的北方战线，整个傅作义系统，大概只有几个月就要完蛋，他们却还在那里做石家庄的梦！"

听到广播后，蒋介石、傅作义急令撤兵。两天之后，蒋介石获悉石家庄西部山区驻有中共中央机关，而且当时确无守兵。他捶胸顿足，追悔莫及。至此，毛泽东指挥华北军民粉碎蒋介石偷袭党中央驻地的阴谋画上了圆满句号。

毛泽东为新华社写的新闻稿

提倡民主，善纳建议

从小淮海到大淮海

从谏如流

善于听取别人的建议，是一个领导者必备的能力，是一种博大胸怀。淮海战役中，毛泽东倡导军事民主，在战争关键时刻，善于听取前线将领的意见和建议，使战争逐步扩大战果，从开始时的“小淮海”一步步演变成了最后的“大淮海”。

淮海战役的胜利与一个人密切相关，这个人就是粟裕。

粟裕不但是淮海战役的指挥者，而且是淮海战役的发起者。在淮海战役的战略决策中，粟裕频出奇谋，三次献策，对于中央军委做出将淮海战役发展成为南线决战的决策，使“小淮海”演变为“大淮海”，做出了独特的贡献。对粟裕的功绩，毛泽东给予了很高的评价：“淮海战役，粟裕同志立了第一功。”

1948 年 1 月 7 日，粟裕接到中央军委要他率部渡江南下的电令，毛泽东及党中央的战略思想很明确，粟裕渡江可以减轻刘伯承、邓小平在中原的压力。但是身处战争第一线的粟裕通过与国民党军队的几次交手，敏锐意识到，改变中原战局进行战略进攻，不仅是必须的，也是完全可能的。因此，三次斗胆直陈“抗命”中央，提出了与毛泽东分兵渡江南进战略意图完全相悖的战略构想。

粟裕的“三次”直陈，引起了毛泽东等中央领导人的高度重视，于是亲自致电粟裕等，让他到中央开会，“商量行动问题”。城南庄会议上，毛泽东、朱德等领导人听取了粟裕的汇报。当即研究决定，在既定战略方针不变的前提下，同意华东野战军三个纵队暂缓渡江南进，留在中原黄淮地区大量歼敌。这一重大决策构成了以后淮海战役的最初蓝图。同时，中共中央做出一个重大组织决定，此

淮海战役总前委成员合影。左起：粟裕、邓小平、刘伯承、陈毅、谭震林

后，粟裕任代司令员兼代政委，领导和指挥华东野战军。

豫东战役之后，1948 年 9 月 24 日，粟裕向中央军委提出，建议举行淮海战役。25 日，毛泽东为中央军委起草复电，认为淮海战役甚为必要，并提出以攻占位于新安镇的黄百韬兵团为第一作战目标。此时的“淮海战役”还不是南线战略决战意义上的淮海战役。

电报发出后，毛泽东根据整个战局的进展，很快察觉到战役的规模和影响会比原来所预计的要大。9 月 28 日，中央军委在给粟裕、谭震林的电报中指出：“这一战役比济南战役规模要大，比睢杞战役的规模也可能要大。”10 月 11 日，中央军委在《关于淮海战役的作战方针》中指出淮海战役的结果，将开辟苏北战场，使

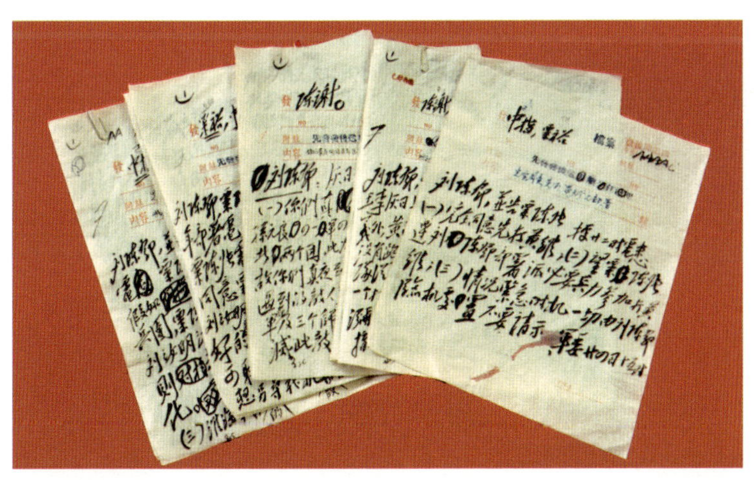

淮海战役部分电报稿

淮海战役期间，毛泽东起草的发往淮海前线的电报，有指示，有命令，有商议，有征询意见。电报中“临机处置，不要请示”八个大字，字字千钧，重如泰山，充分体现了毛泽东对总前委的高度信任。

山东、苏北打成一片。“你们以十一、十二两月完成淮海战役，明年一月休整。三至七月间同刘邓协力作战，将敌打至江边各点固守，秋季你们主力大约可以举行渡江作战。”这一决策是党中央、中央军委在淮海战役前，对整个战役及渡江前中原、华东地区决战的全面设想与部署。

10 月 22 日，中央军委在给华东野战军的电报中提出：“以主力于邱李两兵团大量东援之际，举行徐蚌作战，相机攻取宿县、蚌埠，坚决彻底干净全部地破毁津浦路，使敌交通断绝，陷刘峙全军于孤立地位。”此时中央军委对淮海战役的战略目标已进一步扩大。

10 月下旬，中原野战军先后攻克郑县、开封，进至徐州、蚌

淮海战场一角

西柏坡小档案

淮海战役的三个阶段

第一阶段从 1948 年 11 月 6 日至 22 日，主要作战目标是歼灭位于东接连云港、西近徐州的陇海线上的黄百韬兵团，完成中间突破。第二阶段从 1948 年 11 月 23 日至 12 月 15 日，主要作战目标是歼灭由豫南远道赶来增援而孤军突出的黄维兵团。第三阶段从 1948 年 12 月 16 日至 1949 年 1 月 10 日，主要作战目标是歼灭杜聿明部。

埠地区，配合华东野战军作战。粟裕分析战场态势，预见到华东、中原两大野战军将由战略上配合作战发展到战役上协同作战，必须建立统一指挥体制，于是于 10 月 31 日致电中央："此次战役规模很大，请陈军长、邓政委统一指挥。"粟裕的建议传到西柏坡，毛泽东、朱德等当即研究同意，于次日复电指示："整个战役统一受陈邓指挥。"

11 月 7 日，淮海战役发起一天后，粟裕一面紧张地组织指挥部队对黄百韬兵团及其援军实行分割包围，一面分析当前形势和全国战局，预测敌人可能采取的对策，策划下一步以及未来几步的作战方案。他和张震彻夜长谈，认为必须当机立断、不失时机地使淮海战役发展为南线战略决战，并立即致电中央。11 月 9 日，中央复电指出："现在不是让敌人退到淮河以南或长江以南的问题，而是第一步（即现在举行之淮海战役）歼敌主力于淮河以北，第二步（即将来举行的江淮战役）歼敌余部

淮海战役中的人民解放军威武雄壮、凯歌行进，大批国民党军队俘虏被押下战场

于长江以北的问题。”至此，党中央、中央军委将战役初期歼敌一个兵团的目标，发展到决心歼灭敌人主力于长江以北。23日，中央在致中原、华东两野战军领导的电报中，最终确立了“隔断徐蚌，歼灭刘峙主力”的总方针。由此，淮海战役由“小淮海”演变成了“大淮海”。

淮海战役从1948年11月6日开始到1949年1月10日结束，人民解放军经过66天激烈战斗，歼灭和改编国民党军队55.5万余人。淮海战役的胜利，使长江以北的华东、中原地区基本上获得解放，使国民党反动统治的中心地带南京、上海直接暴露在人民解放军的铁拳面前，为解放军渡江作战创造了极为有利的条件。

铸剑为犁

战和并用取平津

战和并用

战和并用，是战争中的一种艺术。平津战役中，毛泽东决定采取战和并用的战术，一边采取强攻，先用“围而不打”或“隔而不围”的办法，随后按“先打两头、后取中间”的顺序发起攻击；另一边采取和平攻势，劝傅作义弃暗投明，和平解放北平。最终北平古城完整回到人民手中。

当辽沈战役接近尾声的时候，毛泽东便开始具体筹划解决华北问题。华北“剿总”的傅作义集团是辽沈、淮海战役后国民党唯一可作机动的兵力。眼看着失却了南北两面依托，陷入了孤军无援的境地，傅作义集团军心动摇，惶惶不可终日。为了把傅作义集团消灭在华北地区，在辽沈战役将要结束时中央军委做出了三项决策：一是撤除对保定和归绥的包围；二是缓攻太原；三是对淮海战场上的杜聿明集团在两周内不做最后消灭。

而此时的蒋介石和傅作义，各自还在打着如意算盘。1948 年

11月4日，蒋介石邀傅作义到南京商议对策。蒋介石为加强长江防线，主张放弃北平、天津，要傅作义率部南撤。但傅作义对蒋介石吞并、排斥异己深怀戒心，不愿将自己的嫡系部队南撤，而宁愿在必要时西撤绥远。

蒋傅估计，东北野战军在辽沈战役结束后需有三个月到半年的休整时间才能入关作战。在此之前，华北的国民党军队尚能自保。因此，他们决定暂时固守北平、天津、张家口地区，同时确保塘沽海口，以观战局的变化。他们以为这样就可以暂时牵制东北、华北的解放军，取得部署长江防线和组训新兵所需的时间。据此，傅作义收缩兵力，调整部署，从11月中旬开始，先后放弃承德、保定、山海关、秦皇岛等地，以加强张家口、北平、天津、塘沽的防卫，保证西撤或南逃的通路。

针对蒋傅的这一打算，中央军委于10月底指示东北野战军组成先遣兵团先行入关，又于11月18日电令东北野战军立即结束休整，提前在21日或22日取捷径以最快速度隐蔽入关，并完成对北平、天津、塘沽国民党军队“围而不打”或“隔而不围”的切割包围任务。

遵照中央军委的指示，东北、华北人民解放军于1948年11月29日发起平津战役。部队采取“先打两头、后取中间”的作战方针，首先攻克西线的新保安、张家口，歼灭傅作义部一部分主力。1949年1月14日，对拒绝投降的天津守敌发起总攻击，经过29小时的战斗，全歼守敌13万人，生俘天津警备司令官陈长捷。

天津解放后，孤处北平的傅作义部完全陷入了绝境。为了保护这座驰名世界的文化古城免遭战争破坏，中共中央和中央军委力争以和平方式解放北平。经北平地下党和民主人士的有力促进，傅作义接受了和平解放北平的方案，1 月 31 日，率北平守军 25 万余人接受我军改编。

平津战役从 1948 年 11 月 29 日开始到 1949 年 1 月 31 日结束，历时 64 天，歼灭和改编国民党军 52 万余人。至此，华北地区除归绥、太原、大同、安阳、新乡等少数据点外，全部获得了解放，这使华北、东北两大解放区完全连成一片。

平津战役中，北平和平解放后解放军炮兵部队通过前门大街

西柏坡小档案

傅作义的西柏坡之行

傅作义是中外闻名的抗日名将，平津战役时，他率25万国民党军接受和平改编，使北平古都免遭战火之灾。北平和平解放后，傅作义提出一个请求，希望能拜见毛泽东、周恩来和朱德等中共领导人。经前线指挥部请示，中共中央表示同意。1949年2月22日，傅作义随同“上海和平代表团”一起从北平起身到西柏坡。

这一路上傅作义忐忑不安，他想，华北战场上轰炸晋察冀司令部驻地城南庄是他干的，当时毛泽东险遭不测；偷袭石家庄也是他干的，而且自己还是前不久中共权威人士公布的43名头等战犯之一。这样去西柏坡，毛泽东会原谅自己吗？又将会如何处置自己呢？让他没有想到的是，中共中央毛泽东主席不但既往不咎，而且一直给予他很大的信任和关怀。

一见面，傅作义大步走上前伸出双手握住毛泽东的手，连声说：“我有罪，我有罪！”毛泽东却风趣地说：“不，你有功，你为人民做了一件大好事。北平和平解放，你做得很好啊！”毛泽东的亲切话语，使积压在傅作义心头多日的忧虑顿时冰消雪融。

在会客室，毛泽东问：“宜生，等革命胜利了，你愿意做些什么工作？”傅作义回答道：“我想，我回部队恐怕不合适了，还是到黄河一带去做点水利建设方面的工作。”毛泽东听了以后说：“你对水利工作感兴趣吗？这很好，只是黄河太小了，将来你可以当水利部部长嘛。”不久，傅作义出席了中国人民政治协商会议第一届全体会议。后任中央人民政府委员，全国政协副主席，水利部长。

第五部分

筹建新中国

——新中国从这里走来

在西柏坡，随着辽沈、淮海、平津三大战役的胜利，中共中央同时把目光投向建立和建设新中国的问题上，在政治、经济、文化、外交等方面进行了一系列探索和实践。1948年5月，中共中央发布“五一”口号，号召召开新政协，成立民主联合政府，这被称为是中国共产党的建国宣言书。随后，又初步明确了新中国成立后的国体、政体等基本政治制度，提出部队正规化的建设，明确了新中国在经济、文化、外交等方面的政策，并成立具有中央人民政府雏形性质的华北人民政府，从机构设置、人员构成、治理体系、制度建设等方面进行了具体实践和探索，为建立和建设新中国奠定了坚实的基础。西柏坡被称为“新中国从这里走来”的地方。

建国宣言书

“五一”口号的提出

不是宣传口号，是行动口号

在1948年4月30日召开的中共中央书记处扩大会议上，中共中央讨论通过了“纪念‘五一’劳动节口号”，郑重强调“各民主党派、各人民团体及社会贤达，迅速召开政治协商会议，讨论并实现召集人民代表大会，成立民主联合政府”。“五一”口号，表达了各阶层人民的要求，反映了各民主党派的意愿，得到了社会各界的热烈响应。这一口号成为建国宣言书，也成为中国共产党领导的多党合作和政治协商制度诞生的重要标志和里程碑。

中共中央撤离延安后，经过一年多的艰苦征战，全国各战场发生了根本变化，人民解放军陆续从战略防御转入战略进攻。在这种情况下，为了即将到来的全国范围的胜利，中共中央从陕北吴堡县川口东渡黄河，向华北转移。

1948年4月13日，毛泽东一行抵达晋察冀党政军领导机关所在地河北省阜平县城南庄。他审时度势，考虑到国民党政府很快就要在人民战争的汪洋大海中覆灭，新中国的红日即将在东方的地平线上升起，此时需要全国人民一致行动，为建立新中国而共同奋斗的一个口号，来表达这个政治意图。毛泽东提出准备在“五一”劳动节时发布口号，号召全国各民主党派和无党派人士筹备召开新的政协会议，以便进一步团结和争取各种革命的和进步的力量，早日推翻蒋介石反动政权，建立起全国性的新民主主义政权。

时任新华社社长的廖承志，当时率队驻扎在太行山区涉县的西戌村。他想到去年“五一”劳动节，毛泽东为新华社写了一篇评论《蒋介石已陷入全民的包围之中》，收到了良好的效果。今年“五一”劳动节中共中央是否还有话要说呢？于是，廖承志致电请示中央，此举正合毛泽东之意。

时机成熟，条件具备，又恰逢重大节日，于是中共中央立即组织着手起草“五一”口号，初稿一共24条，内容主要是在“五一”劳动节来临之际，向各方面的致敬和问候。口号的最后两条是欢呼毛主席万岁和中国共产党万岁。

纪念“五一”劳动节口号的初稿拟成后，毛泽东根据大家的意见进行了认真修改。特别将原稿第5条“工人阶级是中国人民革命的领导者，解放区的工人阶级是新中国的主人翁，更加积极地行动起来，更早地实现中国革命的最后胜利！”改为：“各民主党派、各人民团体、社会贤达迅速召开政治协商会议，讨论并实现召集人民代表大会，成立民主联合政府。”将第23条中的“中国

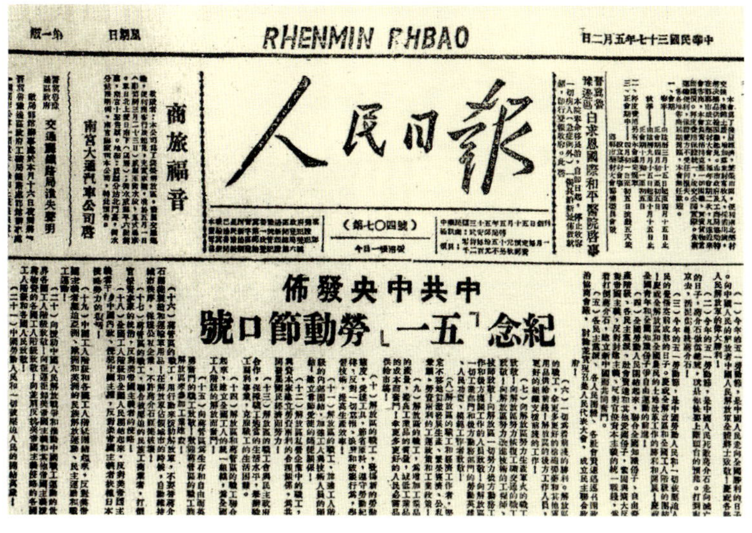

RHENMIN RHBAO

人民日報

中共中央發佈

紀念「五一」勞動節口號

1948 年 5 月 2 日，《人民日报》发表的纪念“五一”劳动节口号

人民的领袖毛主席万岁”删掉。将第 24 条的“中国劳动人民和被压迫人民的组织者，中国人民解放战争的领导者中国共产党万岁”改为“中华民族解放万岁”。这样，修改后的“五一”口号，一共 23 条。

毛泽东对“五一”口号的发布非常重视，亲自交给《晋察冀日报》社长兼总编辑邓拓，兴奋之情溢于言表。为了慎重起见，邓拓将“五一”口号打出清样后，又交送毛泽东审阅。4 月 30 日深夜，毛泽东亲自审改后，于 5 月 1 日《晋察冀日报》第一版头条位置发表，口号上方还端端正正地印了毛泽东的头像。

1948 年 4 月 30 日至 5 月 7 日，中共中央在城南庄召开了书记处扩大会议，对“五一”劳动节口号进行了热烈的讨论。周恩来说：现在的“五一”口号，从形式上看是恢复 1946 年 1 月政协会议的

北上解放区的民主人士沈钧儒、李济深、郭沫若在沈阳观看节目

名称，但这个政协内容和性质都不同。“五一”口号不是宣传口号，是行动口号，这是形势发展的趋势，是全国人民的要求。刘少奇说：我们先提政协这个口号，可以起号召作用，团结百分之九十以上的人，团结一切可以团结的力量。中国共产党在全国人民中取得百分之五十以上的拥护是没有问题的，其他任何政党都没有我们这个地位。目前，召开新政协会议的国际国内形势已经成熟。

一石激起千层浪。中共中央发出的“五一”口号，很快传遍了海内外，引起巨大的反响。各民主党派、人民团体、海外华侨团体、无党派民主人士都纷纷发表声明和讲话，热烈响应中国共产党召开新政协会议，成立联合政府的主张。在香港，沈钧儒先生说：蒋介石召开伪国大，举国唾弃，天怒民怨。而中共“五一”

西柏坡小档案

《对时局的意见》

1949 年 1 月 22 日，由李济深、沈钧儒、马叙伦、郭沫若等 55 位民主人士签署发表的《对时局的意见》的声明中明确地表示："愿在中共领导下，献其绵薄，共策进行，以期中国人民民主革命之迅速成功，独立、自由、和平、幸福的新中国之早日实现。"这是各民主党派、无党派民主人士第一次明确地提出在政治上接受中国共产党的领导，表明了与中共团结一致、真诚合作的决心；也标志着中国的民主政治建设和政党制度建设揭开了新的一页。

口号一呼而天下应，足见召开政治协商会议成立联合政府，是一切民主党派和民主团体及全国人民的共同愿望啊！中国国民党民主促进会蔡廷锴激奋高呼："字字千钧，激荡乾坤。"郭沫若建议马上联合发表通电，立即响应中共"五一"口号。在一次演讲中，郭沫若先生高呼："让我们北上，让我们北上，让我们加入新政协的队伍，迎接喷薄欲出的新中国！"

在中共中央精心组织下，各民主党派和社会贤达北上解放区，并于 1949 年 1 月 22 日，由 55 位民主人士签署发表了《对时局的意见》的声明，表明了与中共团结一致、真诚合作的决心。

由此，以发布"五一"劳动节口号为标志，民主党派积极响应中共号召，建立在中国共产党领导下的联合政府成为众望所归。中国共产党最大限度地赢得了各民主党派的人心，他们汇集在中国共产党的领导下，形成了具有中国特色的新型政党制度。

党的“耳目喉舌”

《人民日报》的创办

新闻是党的“耳目喉舌”

1992年，联合国教科文组织公布了世界上影响最大、发行量最多的10种报纸，《人民日报》名列其中。谈及其诞生的历史，这里面体现出中共中央对办报的重视，也包含着鲜明的办报原则和方针。“人民日报”四个大字雄浑有力，谁题写的报头？怎样成为了党的“耳目喉舌”？

在西柏坡，中共中央为适应建设新中国的形势，决定创办大党校、大党报，培养大批干部，培养新闻人才，所以1948年6月15日在中共中央指示下华北中央局创办了《人民日报》。作为中共中央华北局的机关报，新创刊的《人民日报》将是在解放区影响最大的报纸，而且它将成为全中国影响最大的报纸。《人民日报》的创建者们不约而同地想到，应该请毛泽东题写新的报头，以示重视，表明与原晋冀鲁豫《人民日报》的不同。毛泽东非常重视，

毛泽东在西柏坡题写的“人民日报”

他在西柏坡简陋的办公室里为新创办的《人民日报》题写报头。

当时负责《人民日报》版面设计的编辑是何燕凌，原晋冀鲁豫《人民日报》时事版编辑，他拿到毛泽东题写的报头后仔细地看。毛泽东将“人民日报”4个字写了4行共16字，写在两张大约16开大小的白色土纸上，原字写得并不大。对写得比较满意的字，毛泽东本人在一旁作了圈点。何燕凌从毛泽东圈点的字中，选出“人民日报”4字，有的放大一些，有的略作缩小，拼制成自左向右的横排报头。这在当时文字竖排的情况下，是不多见的。做这样的排列，与原晋冀鲁豫《人民日报》的报头是一致的。据曾任人民日报社社长张磐石回忆，新的报头题字在刻板后送了几份给毛泽东本人审阅。毛泽东在其中的一张上画了圈，表示认可，而且还说：“‘人民日报’这4个字，两头两个字要大一些，中间的两个字要小一点才好看。”《人民日报》的报头就这样确定下来了。当时的

西柏坡小档案

将革命进行到底

1948 年 12 月 30 日毛泽东撰写了新华社新年献词《将革命进行到底》，号召全党全军夺取革命战争的最后胜利。献词以几乎整版的篇幅刊登在 1949 年元旦的《人民日报》头版上。在头版正中，还刊登了毛泽东手书题词：“军队向前进，生产长一寸。加强纪律性，革命无不胜。”

报头字体一直使用到今天。

在华北《人民日报》创刊后的一年时间里，毛泽东提出政治上、纪律上的要求，规定各地党报必须坚决与党中央保持高度一致，无条件地宣传中央的路线、方针和政策。负责党的新闻工作的刘少奇在对华北记者团讲话中也提出：新闻就是“党的耳目喉舌”，没有任何一个部门、一种工具，能够这样广泛及时地把广大人民群众的斗争、群众的创造、群众的希望和要求反映到党的组织中来，也没有任何一个部门、一种工具，能够这样准确及时地把党的方针、政策和任务，告诉广大人民群众。

《人民日报》很好地执行了

毛泽东题词：“军队向前进，生产长一寸。加强纪律性，革命无不胜。”

《人民日报》在平山县里庄村遗址

中央的办报纪律，在原则性问题上旗帜鲜明，坚决与党中央保持一个声音，奠定了全国性大报的基础。在党中央领导下，《人民日报》在实际工作中逐步担负起了中央机关报的职责。

建政实践

华北人民政府的成立

中央人民政府的雏形

在新中国一路走来的红色历史中，华北人民政府堪称中国共产党由局部执政走向全国执政的一次成功预演，是新中国中央人民政府的雏形。华北人民政府成立后，在中央的直接领导下，为中央人民政府的成立奠定了基础。中央人民政府的许多机构，就是在华北人民政府所属有关各机构的基础上建立起来的。

解放战争发展到 1948 年之后，中国人民解放军已转入全国性的战略进攻，各个战场上捷报频传，尤其石家庄等华北一系列城市的解放和土地改革的推行，使经济得到极大巩固和发展。此时，已到西柏坡的中央工委书记刘少奇审时度势，提出将晋察冀和晋冀鲁豫解放区合并，成立华北解放区。

1948 年 3 月 3 日，刘少奇在中央工委会议中指出，两区合并后，“成立华北局不是临时的，而是一直到全国胜利。中央要吸

1948 年 9 月 26 日，华北人民政府正式成立，各部门负责人正式就职。图为董必武发表就职演说

取这种太平区域的管理国家的经验，以便将来管理全国。两区合并后必须一切统一，一直统一到村，为将来中央的全部统一打下基础”，并致电中央提出请示。3 月 10 日，中共中央复电同意两区合并统一的意见，并随后在中央《关于情况的通报》中指出“该区的领导中心设在石家庄”。

根据中共中央和华北局的指示，两区合并后，决定在五省二市的 4500 万人民中民主选举代表，召开临时人民代表大会，选举产生统一的华北民主联合政府。1948 年 8 月 7 日，华北临时人民代表大会（对外称石家庄生产工作会议）在石家庄人民礼堂正式开幕。出席大会的代表共计 542 人，其中共产党员 376 人，非党人士 166 人。会议由董必武致开幕词。他指出：我们华北临时人民代表大会宣布开幕了。它是临时性的，也是华北一个地区的。但是，它将成为全国人民代表大会的前奏和雏形。大会在听取了与会代表的报告后，审议通过了《政府工作报告》《华北解放区施政方针》《华北人民政府组织大纲草案》《村、县（市）人民政权组织条例草案》等法案和提案，并决定选举华北人民政府，明确华北人民政府下设秘书厅、民政部、教育部、财政部、工商部、农业部、公营企业部、交通部、卫生部、公安部、司法部、劳动局、华北财经委员会、华北水利委员会、华北人民法院、华北人民监察院、中国人民银行等政府机构。8 月 18 日，大会通过无记名投票，选出 27 人为华北人民政府委员会委员。

华北人民政府成员在平山县王子村合影

1948 年 8 月 19 日，华北临时人民代表大会胜利闭幕。在随后召开的华北人民政府委员第一次会议上选出了政府主席、副主席，并任命了政府各部、会、院的领导人。会议详细规定了华北人民政府办事的规程，规定了各部门的职权范围及工作制度，对政府部门职责权限进行了明确划分。董必武提出要把政府“由游击式过渡到正规式的政府”，“正规的政府，首先要建立一套正规的制度和办法。……我们是人民选举出来的,我们要向人民负责，人民要求我们办事要有制度、有纪律，无制度、无纪律一定办不好事情”。

中共中央之所以决定建立华北人民政府，其重要目的就是为建设新中国探索积累管理和建设经验，为新中国政权建设奠定基础。正如刘少奇在 5 月 20 日华北局成立扩大会议上的讲话中指出：“我们现在建设的各种制度，将来要为全国所取法，华北工作带有全国意义。”

华北人民政府成立后，自觉地为建立中央人民政府进行准备工作。根据《华北人民政府组织法大纲》规定，设置了一厅、十部、一局、二委、二院、一行等政府工作机构并对其积极实践探索。在中共中央进北平筹组中央人民政府政务院时，商议决定把华北人民政府这个班底拿过来,作为中央人民政府政务院的基础，并参照华北人民政府的经验。

1949 年 10 月 27 日，毛泽东发布命令：“中央人民政府业已成立，华北人民政府工作着即结束。……中央人民政府的许多机构，应以华北人民政府所属有关各机构为基础，迅速建立起来。”10月31日，华北人民政府完成其历史使命，中央人民政府各部委在其各部委基础上迅速建立。

华北人民政府，是在新中国即将成立的重大历史转折时期我党进行的一次政权建设的成功实践，它为新中国创建了基本的政权体制，保证了新中国中央人民政府的迅速组建。

西柏坡小档案

华北人民政府的工作

华北人民政府从1948年9月26日成立到1949年10月31日撤销，历时一年零一个多月。这是晋察冀和晋冀鲁豫两大解放区合并，由战争转入和平建设，由农村进入城市的一年。在这短短一年多的时间里，华北人民政府完成了中共中央交办的任务：把解放区建设好，使之成为巩固的根据地；从人力、物力上大力支援解放战争；摸索、积累政权建设和经济建设经验，并为中华人民共和国成立中央人民政府作组织上的准备。

统一货币

人民币的诞生

真正的当家作主人

西柏坡时期中共中央筹办中国人民银行，发行人民币的光辉历程，真正体现出“人民有了自己的武装，有了自己的政权，现在又有了自己的银行和货币，这才是真正人民当家作主！”那么，人民币的由来，你知道吗？它又是如何进行主题设计、发行的呢？

建立新中国，必须有统一的货币，所以中共中央在西柏坡决定筹办中央银行，发行统一货币。大家关于银行的名字经过了再三斟酌，当有人提议叫“中国人民银行”时，一下子引起了大家的共鸣和赞许。

大家觉得今天的解放区人民政府就是将来的中华人民共和国人民政府，今天创建的中央银行就是将来的中华人民共和国的中央银行，所以银行名称叫“联合银行”“解放银行”或“全国解放银行”，均与将来的发展不适宜。用“中国人民银行”这个名称，既表示这是人民的银行又有别于蒋介石政府的“中央银行”，也不失将来作为新中国国家中央银行的名称。大家一致认为“我们的政府是人民政府，我们的军队是人民军队，那我们的银行就应该叫人民银行”。1947年10月2日，董必武专门致电中央，提出“组建中央银行，发行统一货币”，并提议银行名称拟定为“中国人民银行”。10月8日中央复电董必武，在电文的第四个问题中提出：“银行名称，可以用中国人民银行。”

既然建立了统一的银行，那就必须发行统一的货币。而这货币到底是什么样的，关于人民币的图案以什么为主题，由谁进行设计等，成为当时迫在眉睫的事情。

当时解放区的专业人才奇缺，要组建一个整体的班子十分困难。经过多方调查、询问、对比，最后确定由晋察冀边区印刷局的王益久和沈乃镛设计。王益久是图案设计人员，张家口第一次解放后参加革命，在晋察冀边区印制局担任图案设计工作。他先后设计过晋察冀边区银行纸币、冀热辽版边币、中州农民银行纸币、西北农民银行纸币等。在设计货币图案时，王益久善于动脑筋思考问题，设计稿反复修改，直到图案表现得精细、恰当、完整后，才拿出来给其他同志看，请大家提意见，然后再进行修改，直到大家都满意了，才开始绘画制作。和王益久长期合作的沈乃镛也是一名艺术水平较高的票版设计师。两人配合默契，相得益彰；两人设计的图案，线条运用灵活讲究，明暗、深浅的层次均匀、精细，效果明显，深受大家的赞誉。

接受此次任务后，王益久主要负责票版的正面设计，沈乃镛负责票版的背面设计。作为设计师，考虑到要发行的是全国统一的人民币，又出于对毛泽东的敬爱之情，两人首先想到把领导人毛泽东的头像印上去。因为根据国内外纸币设计的惯例，往往会把执政党领袖或国家元首的头像作为券面主图，印在纸币上。可谁知当第一次设计票版报请中央审查时，却被毛泽东婉言拒绝了。毛泽东说："票子是政府发行的，不是党发行的。我现在是党的主席，不是政府主席，怎么能把我的像印在票子上，将来当了政府主席再说吧。"

由谁题写人民币的币面字呢？中国人民银行筹备处主任南汉宸马上想到了书法很好的董必武，因为董必武是清朝末期的秀才，写得一手好字。董必武很高兴地接受了请求，特地沐浴更衣，怀着无比庄重和虔诚的心情，工工整整地写字练习，在一张张宣纸上横着、竖着写出了整齐、美丽的小楷书法——"中国人民银行""壹贰叁肆伍陆柒捌玖拾佰仟万""圆角分""一二三四五六七八九十年"

一号人民币

等字样。经过多天的书写后，董必武才挑选出自己认为最满意的字，送给印刷局。

1948 年 8 月初，首批人民币样稿顺利完成。8 月 21 日，华北银行总行上报中央，对人民币的发行比价、票版面额、发行时间、发行步骤、发行数量、印制计划等问题都作了详细报告，并附有 5 个品种、7 种版别的人民币设计样稿。第一套人民币首批设计样稿有 1 元券（工农图）、5 元券（帆船图）、10 元券（火车站图）、50 元券（水车、运输图）、100 元券（有 3 种图案版别，即耕地图、火车站图、万寿山图）。直到现在，人民币的票面都沿用了这种代表工农业生产的结构图，成为真正意义上属于人民的“人民”币。

印刷第一批人民币使用过的印码机

这些样稿最后由华北人民政府主席董必武带回西柏坡，经毛泽东、朱德、刘少奇、周恩来、任弼时等中央领导圈阅批准后，立即送往各印制局制版印刷。毛泽东看着崭新的人民币，赞不绝口，兴奋地说：“人民有了自己的武装，有了自己的政权，现在又有了自己的银行和货币，这才真正是人民当家作主！”

1948 年 12 月 1 日，华

北人民政府贴出布告，宣告中国人民银行成立。就在这一天，中国人民银行即发行了第一套人民币。这是一件了不起的大事，人们欢呼雀跃，奔走相告。《人民日报》的显著位置发布了这一消息，生动描述了当时的盛况。“这一天，分行显得异常热闹，要求看样的，要换样子的，提款要求搭配一部分的，营业员们大有应接不暇之势。当人们第一次拿到新币时，总是反复地凝视着。记者问他们有什么感想，有个穿工人装的指着刚拿到手的两张新币说：‘我看不久就有领导全中国的中国人民政府了！’”

西柏坡小档案

中国人民银行的命名

中央决定发行统一的货币，就要成立自己的银行。叫什么名字呢？经查中央复电草稿原件，发现中央对行名问题进行过多次修改。先是“至于银行名称拟以中国解放银行为好”，后改为“至于银行名称用中国解放银行或中国人民银行均可”，最后才改为“可以用中国人民银行”。这说明中国人民银行的行名，是经过中央反复考虑才最终确定的。“中国人民银行”，“人民”两个字，说明了这个银行的性质，它是人民的，大众的，而不是某个官僚资本家的，或某个财政金融寡头的；同时，也表明了它的地位和作用，它应当是未来的人民共和国的国家银行、中央银行。

丹心可鉴

盛情邀请宋庆龄北上谋国是

谦虚力邀，共谋大业

“五一”口号发布后，毛泽东感到，仅一个响亮的口号恐怕还远远不够，必须进一步采取具体措施，发出邀请，与各民主人士具体商讨政治协商会议的组织召开，推进“五一”口号的贯彻落实。为此，毛泽东决定，给当时影响力最大的党派负责人，如民革的李济深、民盟的沈钧儒写信，包括一直为中国人民争取民族独立和自由幸福的宋庆龄先生。宋庆龄作为孙中山先生的夫人，她的地位和名望无人能够取代，如果建设新中国少了她的身影，那将是一种深深的缺憾。所以毛泽东和周恩来在西柏坡联合发出诚挚邀请，其态度之谦虚、言辞之真诚，堪为佳话。

1949年元旦过后，一场瑞雪还未消融，北方大地一片洁白。1月19日，刚到中央统战部所在地李家庄看过民主人士的周恩来到毛泽东办公室，屋里暖融融的。两人坐在炉火旁畅谈到“五一”口号发布后各民主党派和社会贤达到解放区的情况时，说到民革

西柏坡毛泽东同志办公室

主席李济深，民盟负责人沈钧儒，华侨领袖陈嘉庚、司徒美堂等大批民主人士都已北上，而此时在上海的宋庆龄却一直没有回音。

怎么更好地表达中共的诚意呢？毛泽东和周恩来经过商量，决定联名给留居上海的宋庆龄写信，力邀北上。联名写信，这在毛泽东和周恩来革命生涯中是唯一一次。信写得言辞恳切：

庆龄先生：

中国革命胜利的形势已使反动派濒临死亡的末日，沪上环境如何，至所系念。新的政治协商会议将在华北召开，中国人民革命历尽艰辛，中山先生遗志迄今始告实现，至祈先生命驾北来，参加此一人民历史伟大的事业，并对于如何建设新中国予以指导。至于如何由沪北上，已告梦醒与汉年、仲华切商，总期以安全为第一。谨电致意，伫盼回音。

此时，毛泽东、周恩来深知宋庆龄处境的艰难，因此没有将电报直接送给她，而是通过地下电台，先将电文发到在香港的地下党，并指示由廖梦醒译成英文并派宋庆龄最信任而又最可靠的人送去，并当面致谢。

发出电文时，周恩来又再三嘱咐"要注意：第一必须要秘密，不能冒失；第二必须要孙夫人完全同意，不能稍涉勉强。如有危险，宁可不动"。

宋庆龄看到毛泽东、周恩来发来的电文，心绪难以平静。她既为中共中央领导人对自己的尊重和深情所感动，更为中国革命大业终将告成而兴奋。

然而，对北上之事，宋庆龄有她自己的考虑。北平，宋庆龄几十年中只到过两次，两次又都与悲痛连在一起，这是她心中一个解不开的疙瘩。第一次是1925年3月12日，孙中山病逝于北平。为此，宋庆龄悲痛欲绝；另一次是1929年，南京中山陵落成，她到北平参加丈夫的灵柩南移活动。从此以后，她害怕提到北平。北平，是她最敬重、最亲爱的人与她诀别之地。

接到中共中央毛泽东、周恩来的信后，她思虑再三，确认"一动不如一静"，愿在上海迎接解放和中共领导人见面。

中国人民政治协商会议第一届全体会议上，宋庆龄当选为中央人民政府副主席

1949 年 5 月 27 日，人民解放军在炮火声中攻占上海。负责指挥上海战役并被任命为上海市市长的陈毅，一进上海就向地下党负责人打听宋庆龄的住处，当即派出部队将她的住处严密警卫起来。随后，陈毅又亲自登门拜访了宋庆龄。陈毅向宋庆龄行了个标准的军礼，然后与她握手致意，充满了对宋庆龄的恭敬之情，并诚恳地向她征询对接管上海的意见，令宋庆龄十分感动。

然而，眼看新中国成立日期临近，宋庆龄仍未北上，毛泽东和周恩来十分着急，决定派邓颖超去上海迎接。1949 年 6 月 25 日，邓颖超带着毛泽东、周恩来各自写给宋庆龄的亲笔信，再次诚挚发出邀请。此时的宋庆龄深受感动，于 8 月 28 日由邓颖超等陪同从上海到达北平，踏上了与中国共产党共建新中国的路程。

西柏坡小档案

毛泽东写给宋庆龄的信

庆龄先生：

重庆违教，忽近四年。仰望之诚，与日俱积。兹者全国革命胜利在即，建设大计，亟待商筹，特派邓颖超同志趋前致候，专诚欢迎先生北上。敬希命驾莅平，以便就近请教，至祈勿却为盼！

专此　敬颂

大安！

毛泽东

一九四九年六月十九日

周恩来写给宋庆龄的信

庆龄先生：

沪滨告别，瞬近三年，每当蒋贼肆虐之际，辄以先生安全为念。今幸解放迅速，先生从此永脱险境，诚人民之大喜，私心亦为之大慰。现全国胜利在即，新中国建设有待于先生指教者正多，敢借颖超专诚迎迓之便，谨陈渴望先生北上之情。敬希早日命驾，实为至幸。

专上　敬颂

大安！

周恩来

一九四九年六月廿一日

只带耳朵的客人

米高扬秘访西柏坡

打扫干净屋子，再请客人进门

在西柏坡有一次外国人的“秘访”活动，这是新中国成立前中苏两党最重要、最成功的一次会谈，而访问者却说自己“只带着耳朵来”，这是怎么回事？此次秘访，使中苏高级领导人直接并充分地交换了意见、沟通了想法、协调了政策，奠定了新中国对苏“一边倒”的外交格局，对新中国外交政策的制定产生了深远影响。毛泽东曾说：关于新中国对外政策，是打扫干净屋子，再请客人进门。

中国革命胜利的前夜，苏共中央决定“派一位负责的政治局委员”到西柏坡，了解中国共产党的政治主张。

1949 年 1 月 31 日，苏共代表阿·伊·米高扬一行四人从旅顺乘坐飞机，在石家庄机场降落，乘坐一辆吉普车来到中央驻地西柏坡。当时毛泽东穿着厚厚的粗布棉衣，走出自己居住的小院迎接客人，并迎上前去热情邀请大家到自己住的小院里喝茶休息。

西柏坡毛泽东同志旧居

毛泽东住的这处房子是曾被日军炸掉房顶、后又修复的北方农家院落，几个月来他在这里运筹帷幄，指点江山，使中国的革命一日千里，步步走向胜利。客人们随着毛泽东大步迈进院子里，脱去大衣，警卫战士用脸盆端来了洗脸的热水，让客人洗去脸上的尘土。之后，大家走进毛泽东的办公室兼会客室，屋里暖融融的。毛泽东将中央其他四位书记逐一介绍给米高扬，又对客人说："从石家庄到西柏坡这段路程虽说不算远，可是很难走，早就提出要修这段路，可是因为打仗，一直没有人力、财力修这条路，只能先打仗，再建设了。"

米高扬也向毛泽东介绍了他的随行人员，并转达了斯大林和苏共中央全体政治局委员的问候，祝愿中国革命尽快取得胜利，彻底解放全中国，接着呈上斯大林赠送给毛泽东的礼品——一块毛料。

米高扬介绍了自己的来意，他说：中国革命形势发展迅猛，在这关键的时候，毛泽东同志不能离开指挥岗位；再者，中国境内交通不便，还要通过敌人的封锁线，也要考虑到安全问题；到苏联往返的时间太长，怕影响毛泽东同志的身体健康。因而，斯大林不主张毛泽东到苏联去。斯大林十分关心中国革命形势的发展，派我代表他到中国来听取你们的意见。你们所讲的话我回国后向斯大林汇报。任何事都由斯大林决定。

接下来谈及新中国的外交政策，毛泽东作了一个通俗的比喻，说："打扫干净屋子，再请客人进门。"他指出：我们这个国家，

毛泽东会见米高扬

周恩来接见米高扬

如果形象地把它比作一个家庭来讲，它的屋内太脏了，柴草、垃圾、尘土、跳蚤、臭虫、虱子什么都有，因为被帝国主义的铁蹄踏过。解放后，我们必须认真清理我们的屋子，把那些脏东西通通打扫一番，好好加以整顿。等屋内打扫清洁、干净，有了秩序，陈设好了，再请客人进来。我们真正的朋友，可以早点进屋子来，也可以帮我们做点整理工作，但别的客人得等一等，暂时还不能让他们进门。周恩来也风趣地说："帝国主义总想保留一些在中国的特权，想钻进来。有几个国家想同我们谈判建交。我们的方针是宁愿等一等。先把帝国主义在我国的残余势力清除一下，否则就会留下它们活动的余地。""因此，我们要在建立外交关系以前把'屋子'打扫一下，打扫干净屋子再请客。"

毛泽东和周恩来用极为形象的比喻来讲新中国的国际关系和中国对外政策的总方针，米高扬听了后频频点头。

毛泽东继续说："我想，打扫干净，陈设好了，再请客人进门，这也是一种礼貌，不好吗？！……而某些不客气、不讲礼貌

西柏坡小档案

米高扬访问西柏坡的意义

米高扬此次访问西柏坡具有重要意义，使苏共真正了解了中国共产党，对新中国的外交政策的制定产生了深远影响。特别是在新中国成立之初，苏联政府第一个承认新中国并建立外交关系，且在政治上、经济上和军事上诸多方面都给予了重大支持和援助，对于中国革命和新中国的建设事业产生了较大的影响。

的客人再有意带些脏东西来，那就不好办了。因为他们会说：‘你们的屋子本来就是脏的嘛，还抗议什么？！’这样我们就无话可说了。我想，朋友们走进我们的门，建立友好关系，这是正常的，也是需要的。对我们探头探脑，想把脚踏进我们的屋子里的人是有的，不过我们暂时还不能理睬他们。至于帝国主义分子，他们抱着不可告人的目的，一方面想进来为自己抓几把，同时也是为了搅浑水，我们不欢迎这样的人进来。”

米高扬在到中国之前，为了尽可能减少在中国会谈的困难，曾做了十分充分的准备。他拟了一个中国共产党方面可能向他们提出的问题清单，想好了几种可能的答案，并且同斯大林和其他政治局委员进行了讨论，他说自己只代表苏共阐明诸观点，同时又幽默地说“我只带着耳朵来听的，不参加讨论决定性的意见，希望大家谅解”。所以在听毛泽东讲话时，他一般不插话，也不表态，只是在注意地听。事后，米高扬对当时担任翻译的师哲说：“毛泽东有远大的眼光，高明的策略，真是很了不起的领袖人物。”

第六部分

七届二中全会召开

——描绘新中国蓝图

时至1949年春，中国共产党领导中国人民取得了前所未有的胜利。在军事上，取得了辽沈、淮海、平津三大战役的胜利，使解放战争取得决定性胜利；在政治上，赢得了各民主党派和社会贤达的广泛拥护，其纷纷北上，与中国共产党共同商议建国大计；政权建设上，通过华北人民政府一年多的探索与实践，已摸索了建立人民政府的基本架构……这一切表明党的工作重心由乡村转移到城市已迫在眉睫，七届二中全会就是在此关键时刻召开的一次中央全会。

大伙房里的中央全会

七届二中全会召开

“两个务必”敲警钟

1949 年 3 月，中共中央在西柏坡这“最后一个农村指挥所”召开了一次中央全会，地点却是中央机关的大伙房里，其台前幕后有什么鲜为人知的故事？这次会议又有什么重要的意义？毛泽东在会议上对全党提出的“两个务必”的谆谆告诫，为什么直到今天仍然被全国人民高度关注？

1949 年 3 月，西柏坡春寒料峭，柏坡岭上尚未消尽的积雪在暖暖的阳光下悄悄地融化，清澈的滹沱河水静静地流淌着。初春的西柏坡，一派生机盎然。

在西柏坡中共中央旧址大院的西北角，有一座普普通通的土坯房。这就是中共七届二中全会旧址。会场并不大，只有一百多平方米，是中央工委时期修建的大伙房。会场布置得非常简朴，正面墙上悬挂着毛泽东和朱德的照片，两边墙上是鲜艳的中国共

七届二中全会会址

产党党旗。主席台是一张旧长桌，上面一条花毛毯上铺放了一张虎皮，为会场增添了一些威严。主席台上有一把藤椅，当年，毛泽东同志就坐在这里作报告。主席台两边的方桌是记录桌，铺着白色台布，主席台前面有四张陈旧的沙发。主席台对面墙上悬挂着的敌我战略形势图，是向大会展示的汇报图，是当年军委作战室参谋刘长明根据周恩来同志的指示绘制的一张草图。

从全国各解放区和战场上赶来的党政军领导们裹着一路的风尘，抖搂掉战场的硝烟，满怀胜利的喜悦，重逢在这太行山区普通而又伟大的村庄。战友久别重逢，一双双大手紧紧相握，大家不仅为战场上取得的巨大胜利而喜悦，而且为即将建立新中国而

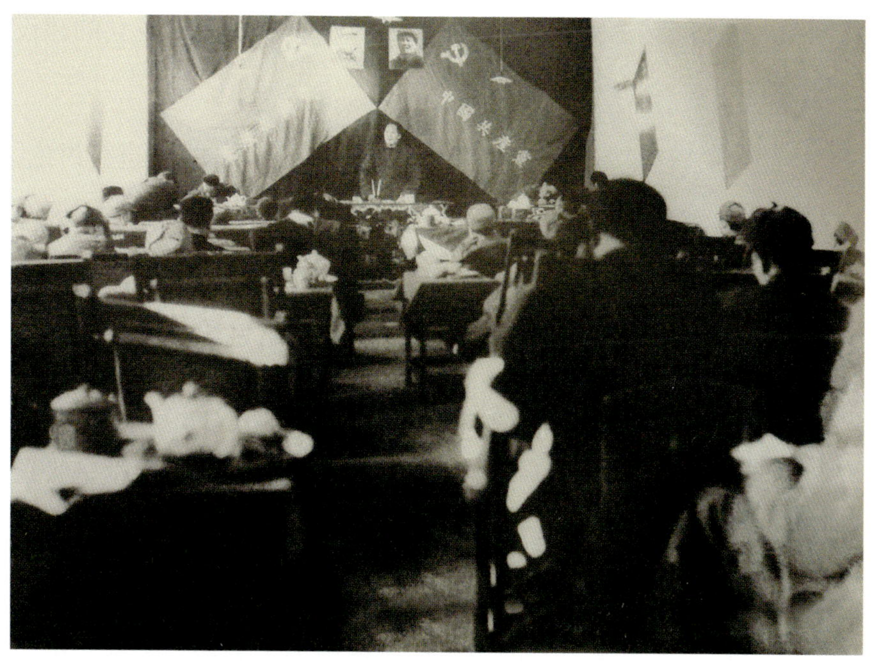

七届二中全会会场

憧憬。喜庆的气氛点染了西柏坡的山川河流，一草一木。

1949 年 3 月 5 日下午 3 时，中国共产党第七届中央委员会第二次全体会议在西柏坡胜利开幕。出席七届二中全会的中央委员 34 人，候补中央委员 19 人。会议由周恩来报告会议日程、到会人数与缺席人员。接着毛泽东宣布开幕。对死难同志静默三分钟后，毛泽东作了《在中国共产党第七届中央委员会第二次全体会议上的报告》，提出了彻底摧毁国民党反动统治，迅速夺取全国胜利的各项方针，今后解决国民党残余力量的三种方式，即天津方式、北平方式和绥远方式；提出了党的工作重心必须由乡村转移到城市，城市工作必须以生产建设为中心；提出了党在全国胜利以后，在政治、经济、外交等方面应当采取的基本政策，以及党的建设问题。

与会的中央各部门和地区负责人围绕毛泽东的报告进行讨论，共有27人作了发言。3月13日，大会闭幕时，毛泽东作了会议结论。在结论中，毛泽东指出：夺取全国胜利，这只是万里长征走完了第一步。如果这一步也值得骄傲，那是比较渺小的，更值得骄傲的还在后头。在过了几十年之后来看中国人民民主革命的胜利，人们就会感觉那好像只是一出长剧的一个短小的序幕。剧是必须从序幕开始的，但序幕还不是高潮。中国的革命是伟大的，但革命以后的路程更长，工作更伟大，更艰苦。这一点现在就必须向党内讲明白，务必使同志们继续地保持谦虚、谨慎、不骄、不躁

“两个务必”墙

的作风，务必使同志们继续地保持艰苦奋斗的作风。

会议从1949年3月5日开始至13日结束，中间“三八”妇女节休会一天，共开了8天的时间。这是一次迎接全国胜利的大会，它为保证中国伟大的社会转变从政治上、思想上和理论上都做了充分准备。这是一次伟大的盛会，一代英杰汇集于此，开创了一个新的历史纪元。

西柏坡小档案

珍贵的摄影

会议的摄影工作由晋察冀军区电影队的程默和苏河清负责。为了竭尽全力完成好这次拍摄任务，他们设计了一套详细的工作方案。

当时，苏河清用着一台法国机子，是手摇式的。当时为了拍摄会场下面的场景，他们费尽心思，最后想出一个办法来，在开会之前，他们从会场后门进去，藏在幕布后面，把三脚架稳固好后，把幕布拉了个口子，刚好把机头从口子那儿探出去，来回摇着拍。当时屋里光线太暗，胶片感光太慢，便把速度由每秒24格降为每秒16格，借用西窗射过来的太阳光进行拍摄。程默用的是一个艾姆小型摄影机和一个从苏联买来的基也夫照相机，拍摄时交替使用。虽然当时的摄影器材及设备十分陈旧，条件很差，特别是那些过了期的胶卷，感光度很低，但他们还是想尽一切办法克服困难，在拍摄技术上，采用摄影机降格的拍摄方法，使拍出来的照片既明亮又清晰，并收到了意想不到的效果。他们为七届二中全会留下了见证历史的珍贵镜头。

谦虚做学生

西柏坡的“六条规定”

西柏坡是立规矩的地方

“西柏坡是立规矩的地方。党的规矩、制度的建立和执行，有力推动了党的作风和纪律建设。”这是 2013 年 7 月 11 日习近平总书记在西柏坡的讲话。在党的七届二中全会上，毛泽东要求全党在胜利面前要做到“两个务必”，还结合当时党内存在的一些问题提出了“六条规定”，这虽没有写入决议，却因其强烈的现实意义时常被人们提起，这表现了在胜利面前中国共产党的谦虚和自律。

在七届二中全会召开时，会场的幕布上悬挂的领导人照片，短短 8 天会议却更换过三次：有时是马恩列斯朱毛六个人，有时是马恩列斯四个人，有时是朱德、毛泽东两个人。很多人好奇为什么，这要从毛泽东在西柏坡时的一条规定讲起。

当时，中国革命面临着巨大的胜利，大家都深刻地感受到毛泽东同志的正确和伟大，所以常有人提到“毛泽东主义”，把毛泽东和伟大导师马克思、恩格斯、列宁、斯大林并列起来谈。可是此时的毛泽东却格外谦虚和谨慎，他多次表示“马恩列斯是老师，而我们是学生”。

1948 年 8 月，为了培养解放战争和新中国需要的人才，中共中央决定成立华北大学时，首任校长吴玉章就在给周恩来的电报中表示，想在华北大学成立典礼上提出“主要的要学习毛泽东主义”。他在电报中说，对这样的提法“是否妥当”，请周恩来“同主席和少奇同志商量后，赐以指示”。

毛泽东很快就作了回复。他指出：“现在没有什么毛泽东主义，因此不能说毛泽东主义，不是什么‘主要的要学习毛泽东主义’，而是必须号召学生们学习马恩列斯的理论和中国革命的经验。”

毛泽东还指出：“另外，有些同志在刊物上将我的名字和马恩列斯并列，说什么‘马恩列斯毛’也是错误的。你的说法和后一说法一样，都是不符合实际的，是无益有害的，必须坚决反对这样说。”

1949 年 3 月，中共中央在西柏坡召开七届二中全会，布置会场时，屋内北墙上挂着一块酱紫色的幕布，上有两面绣有“中国共产党”字样的党旗，党旗上方决定挂领袖的照片。负责会场布置的同志觉得，中国共产党的胜利具有伟大的国际意义，所以在布置会场时还是决定将国际共产主义领导人马克思、恩格斯、列宁、斯大林和中国领导人毛泽东、朱德平列挂在一起。同时，幕布的两侧悬挂着“我们永远做你的好学生”和“没有人民的军队，就没有人民的一切”两面锦旗。

毛泽东在七届二中全会上作报告

3 月 5 日那天，七届二中全会开幕，毛泽东一进会场便发现了问题，马上提出批评：开会不要挂我们的像，这样不好，应该挂马恩列斯的照片。于是，第二天会场布置人员就把毛泽东、朱德的照片取了下来，只挂了四位国际伟人的像，可大家议论纷纷，你一言，我一语，说法不一，说中国共产党的会议应该挂自己领导人的照片，于是第三天又将毛泽东和朱德的像挂上。

中国革命的胜利，的确是个伟大的奇迹。在普遍陶醉于胜利的情绪中，作为一个非同凡响的政治家，毛泽东始终保持清醒的头脑。

会议的最后一天，根据毛泽东的提议，中央全会又明确立下了六条规定：一、不作寿；二、不送礼；三、少敬酒；四、少拍掌；

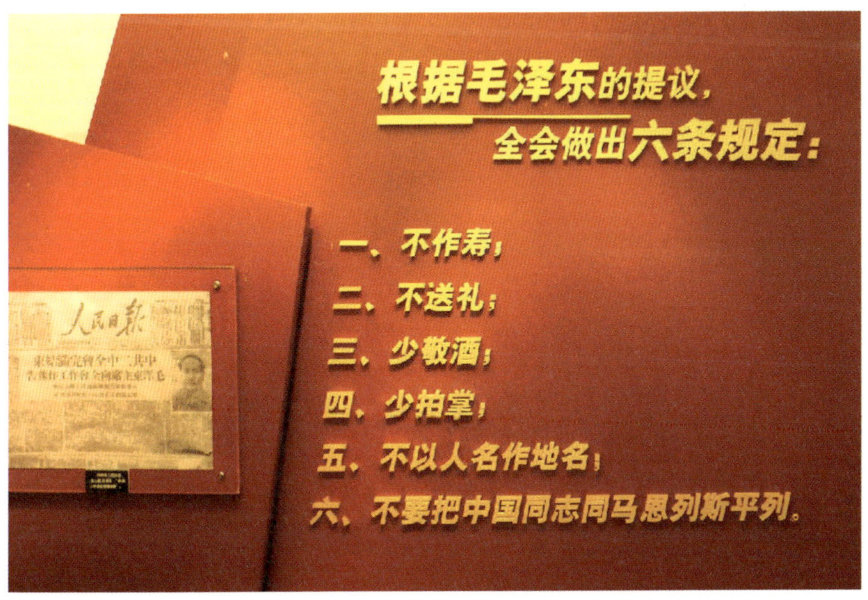

“六条规定”

五、不以人名作地名；六、不要把中国同志同马恩列斯平列。这六条规定被人们简称为“四不二少”。

中国共产党历经千锤百炼，由弱小到强大，从苦难到辉煌，一大法宝就是有严明的纪律和规矩。西柏坡时期，以毛泽东同志为核心的党的第一代中央领导集体，认真总结了革命战争年代党的纪律建设经验，并针对新中国成立前夕面临的新情况、新问题，系统地制定了一系列党的纪律规定，这些规定，充分体现了党的老一辈革命家对纪律建设制度化的重视，为我党的纪律建设打下了坚实的基础。

西柏坡小档案

习近平参观西柏坡谈“六条规定”

2013年7月，西柏坡纪念馆内，“六条规定”展板让习近平久久驻足，上面写着“根据毛泽东的提议，全会做出六条规定：一、不作寿；二、不送礼；三、少敬酒；四、少拍掌；五、不以人名作地名；六、不要把中国同志同马恩列斯平列”。这是中国共产党人“进京赶考”前定下的规矩。习近平伫立展板前，一一对照着说：“不作寿，这条做到了；不送礼，这个还有问题，所以反‘四风’要解决这个问题；少敬酒，现在公款吃喝得到遏制，关键是要坚持下去；少拍掌，我们也提倡；不以人名作地名，这一条坚持下来了；第六条，我们党对此有清醒的认识……”

军队正规化

“八一”军旗的诞生

“八一”军旗红

我们都知道，每年的8月1日是建军节，但是关于中国人民解放军八一军旗诞生的细节你了解吗？七届二中全会上通过了毛泽东起草的《关于军旗的决议》，明确“中国人民解放军的军旗应为红地，加五角星，加‘八一’二字”。这浓缩着人民解放军在伟大的革命战争中浴血奋战、百炼成钢的历程，也象征着中国人民解放军走向正规化。

随着战局的迅猛发展，中国人民解放军不久即可将胜利的旗帜插遍全国。然而，这时全军尚没有一面统一的旗帜。因此，设计统一的军旗、军徽，成为革命形势发展的迫切需要。

在周恩来的提议下，毛泽东、周恩来、任弼时等研究决定，以中央的名义起草了一份指示电，发给各地党政军机关，提出“在我军更大规模地进行外线作战、发展新区的情况下，作一正式规定已感到有此需要”，并开始对全军广泛征求统一的军旗、军徽、帽花和臂章的意见。

根据中央军委的指示，中央军委作战部一局具体负责设计军旗式样，并发电征集各大军区方案。在他们的发动下，大家积极性都很高，开动脑筋，发挥想象力，有以大五角星象征中国共产党，以小五角星象征陆、海、空三军的，有以齿轮象征历史、以蓝水线象征河流的，也有以刀、剑、戈、矛、步枪、盾牌、长城象征人民武装的……《长征画集》的作者黄镇设计的图案是红地，左上方是金色五角星，下边是四条蓝线。军委作战室的同志们也用黄色的电光纸剪成五角星，贴在红纸上，有的同志还在五角星下面加上一些装饰，几乎每个人都设计了一张，全部挂在作战室。但是，这些图案中均无“八一”二字。大家画了几种图案都不合首长的意。

1948 年年底，中央机要室主任叶子龙拿着一份军内刊物来到作战室说：“毛主席对这个图案很感兴趣，他说旗帜要鲜明，请你们照着这个图案画样子吧。”那是刊物的“八一专刊”的封面画——一面迎风招展的红旗上有一个黄五角星和“八一”两个大黄字，它标志着党的领导和建军日期，意义和色调都很鲜明，看上去使人精神振奋，于是就据此画出了“八一”军旗的图案。

1949 年 3 月，召开七届二中全会时，来自全国各个战场的中央委员和候补中央委员们到达西柏坡，中央决定把两幅样旗挂上，让大家共同审议，取得统一的意见。3 月 5 日，党的七届二中全会在西柏坡隆重召开，当两幅“八一”军旗的样旗出现在会场时，所有中央委员都感到无比兴奋，感到非常有寓意，也因为人民军队

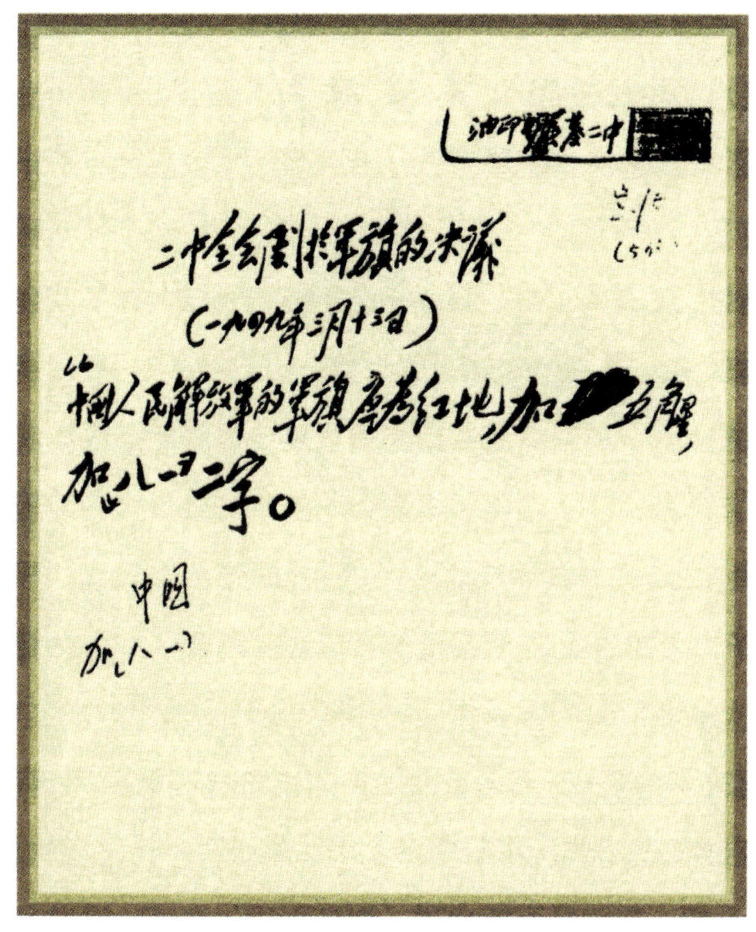

二中全会关于军旗的决议

（一九四九年三月十三日）

"中国人民解放军的军旗应为红地，加五角星，加'八一'二字。

中国

加八一

毛泽东手书《关于军旗的决议》

从此有了自己统一的旗帜而倍感自豪。在会议的最后一天，即 3 月 13 日，会议通过了毛泽东起草的《关于军旗的决议》，明确规定："中国人民解放军的军旗应为红地，加五角星，加'八一'二字。"

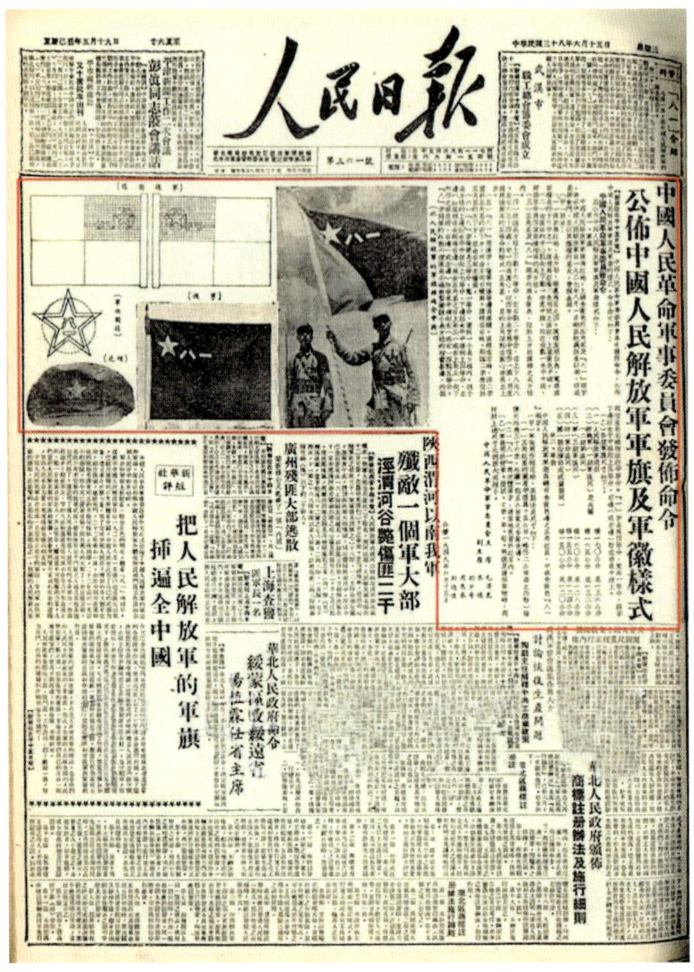

人民日報

中國人民革命軍事委員會發佈命令
公佈中國人民解放軍軍旗及軍徽樣式

陝西渭河以南我軍
殲敵一個軍大部
涇渭河谷斃傷匪二千

新華社評
把人民解放軍的軍旗
插遍全中國

廣州殘匪大部逃散

華北人民政府命令

華北人民政府頒佈
商標註册辦法及施行細則

《人民日报》关于《公布中国人民解放军军旗及军徽样式》的报道

中央迁往北平后，中央军委作战部又专门拟制了《公布中国人民解放军军旗及军徽样式》的命令，由军委主席毛泽东，副主席朱德、刘少奇、周恩来、彭德怀签署，于 1949 年 6 月 15 日新政协开幕的当天向全国、全军正式颁布。新华社同日发表了社论《把人民解放军的军旗插遍全中国》，指出：中国人民解放军正在成为一支完全正规化的军队，它的军旗和军徽的颁布，正是它的正规化的重要标志之一……人民解放军的军旗和军徽，不但是人民解放军的标志，也是我们人民民主的新国家的重要象征。

慎重决策

定都北平

首都就定在北平

随着三大战役的胜利，建立新中国后定都何处成为必须考虑的问题。哪里合适？北平，南京，西安……一个个历史古都掠过毛泽东的脑海。七届二中全会期间毛泽东说：“我们的首都就定在北平！”最终为什么“花落”北平？在新中国定都的决策过程中，北平如何成为首选？定都北平有什么优势？

1948 年，随着解放战争不断走向全面胜利，中共中央筹建新中国的工作逐渐全面展开，新中国的定都选址问题也相应提上了议事日程。在 11 月初，毛泽东在一次谈话中曾有定都北平的打算，在和薄一波聊天时就说过：“蒋介石的国都在南京，他的基础是江浙资本家。我们要把国都建在北平，我们也要在北平找到我们的基础，这就是工人阶级和广大的劳动群众。”

平津战役打响后，为保护好古都文化，保全北平人民生命财产和城市工商业设施，中共中央付出巨大的努力实现北平和平解放。此时，新中国定都北平，实际上不仅仅是毛泽东个人的想法，同时也是党内高层领导的共同心愿，聂荣臻和毛泽东谈话时就曾极力主张和平解放北平，并要求在接管北平时，以定都的高度来执行任务。

七届二中全会上，很多中央委员和候补中央委员来到西柏坡，大家对定都何处也有讨论，很多也是倾向于北平。

王稼祥和夫人朱仲丽来到西柏坡，毛泽东望着时隔三年才又见到的老战友，自然有说不完的话。他微笑着上下打量着王稼祥说："看你这个外表，比三年前在延安时，脸色红润……"

毛泽东在七届二中全会上作报告

互相间一阵嘘寒问暖后，王稼祥向毛泽东谈了对目前形势的分析，最后由衷地说："三年的解放战争，是运用了主席的战略战术，才如此神速，获得这样伟大的胜利……主席，辛苦了。"

毛泽东高兴地说："这一次蒋介石当了大笨蛋，真是反动到底，总以为有美国作后台老板，可以为所欲为，最后落得个单人匹马跑到浙江老家……当初，我们提出成立联合政府，反对打内战，他不接受。"

王稼祥点点头，说："主席，是的，我党尽了最大的力量来避免内战，你亲自到重庆谈判。可蒋介石太反动，硬要打。他要打，我们也不能不还手，这一次一定要追击到底，叫他一兵一卒不留，以免后患。"

毛泽东举起右手，用力地一挥，坚定地说："中央也看到这一点，各个战场不能姑息，要彻底打倒反动派，取得全国的胜利。"

突然，毛泽东向王稼祥提了一个问题："我们很快要取得全国的胜利了，我想听听你的意见，我们的政府定都在何处呢？历史上，历朝历代不是定都在西安，就是开封，要不就是南京、北平。我们的首都定在哪里合适，中央虽有个考虑，但还没有最后的答案。"

这是一个十分重大的问题。王稼祥的神情一下子变得严肃起来。实际上，他也曾考虑过这个问题。他稍微整理了一下思路说道："依我看，现在国民党政府的首都南京，虽然自称虎踞龙盘，地理险要，但只要翻开历史就会知道，凡建都金陵的王朝，包括国民党政府都是短命的。这样讲，带有历史宿命论的色彩，我们当然不相信这一套。但是，从另一个角度来看，南京离东南沿海太近，从当前的国际形势来看，这是一个很大的缺陷，我们定都最好不选在南京。”

王稼祥接着说：“再看西安，它的缺陷是太偏西，现在中国的疆域不是秦汉隋唐时代了，那时长城就是边境线，现在长城横卧于中国的腹地。因此西安在地理位置上已不再具有中心的特点。这样一来，选西安为都也不合适。”毛泽东表示赞同。

王稼祥再论：“黄河沿岸的开封、洛阳等古都因中原经济落后，而且这种局面不是短期内所能改观的，加之交通以及黄河的水患等问题，也失去了作为京都的地位。”

毛泽东又问道：“那么，哪里可以定都呢？”王稼祥沉稳地说：“我认为我国首都最理想的地点应选在北平。北平位于沿海地区，属于经济发达圈内，而且扼守连接东北与关内的咽喉地带，战略地位十分重要，可谓今日中国的命脉之所在。同时，它又邻近苏联和蒙古，无战争之忧，虽然离海较近，但渤海是中国内海，有辽宁、山东两个半岛拱卫，从战略上看也比较安全，一旦国际上有事，不致立即使京师震动。此外，北平是明清两代的帝都，从人民群众的心理上也乐于接受。考虑到这些有利条件，我认为首都应定在北平。”

毛泽东听后甚感欣慰，连声称：“有道理，有道理。”毛泽东一边笑着，一边说：“稼祥，你的分析正合我意。看来，我们的首都就定在北平。

党的七届二中全会上，经过与会代表共同商议，明确定都北平。1949 年 9 月 27 日，中国人民政治协商会议第一届全体会议通过了国旗、纪年和定都方案。北平，这座闻名中外的历史文化古城，正式成为新中国的首都。

西柏坡小百科

千年古都北平

北平，即现在的北京，是北京在历史上曾经使用的名称之一。明朝洪武元年（1368 年），朱元璋将元大都更名为北平府，取“北方安宁平定”之意，北平第一次成为北京的名称。后于明朝永乐十九年（1421 年）作为明朝的都城改名为北京，与南京对应，形成“两京十三司”，此为今名之始。民国十七年（1928 年）设立北平特别市，相当于今日的直辖市。民国二十六年（1937 年）伪中央政府又将北平改为北京。1945 年日本战败投降后，恢复原名北平。七届二中全会上决定定都北平。1949 年 9 月 21 日，中国人民政治协商会议第一届全体会议在北平中南海怀仁堂隆重开幕。9 月 27 日，会议通过了中华人民共和国国都定于北平，自即日起北平改名为北京。

不学李自成
进京赶考去

决不当李自成

1949 年 3 月 23 日，中共中央从西柏坡起程前往北平时，毛泽东说是“进京赶考”，并自信地说：“我们决不当李自成！我们都希望考个好成绩。”西柏坡，成为中国共产党执政“赶考”的出发地。进京执政“赶考”的忧患意识，在中国共产党和新中国的历史上留下了久久不绝的回响，至今仍具有深远的意义。

七届二中全会结束后，毛泽东经常一个人在院子里踱步，神色肃然，似乎还在思索着什么。有一天，毛泽东散步走到警卫员值班室，听到大家正在学习文件，警卫一连（当时也叫手枪连）连长何有兴见主席来了，忙迎出来，毛泽东称赞说：“你们的学习很热烈呀！”

何连长说：“热烈是很热烈，就是文件太深，有些领会不了，讨论题也太多，抓不住中心，现在学习有点深入不下去了。”

毛泽东接着问："同志们都有哪些想法？说说看。"

何连长心里正有些事弄不明白，想找个机会向主席请教，这下机会来了，于是他就把大家讨论的情况连同自己的想法大概地和主席说了一通。

他说："学习七届二中全会文件，进北平，对这件大事，大家的看法、想法很多，也很不一致。有人说我们这支部队是战无不胜的军队，三大战役我们打胜了，国民党几百万军队被我们打败了，现在又进了北平，全国就要胜利了，再没有什么困难能难倒我们。就警卫团来说，这么多年在战争环境中，在极危险的条件下都很好地完成了保卫中央的任务，在跟随主席转战陕北中，我们一个排曾打退了胡宗南一个半旅的多次进攻，还有什么敌人我们不能打倒呢？今后不论是拿枪的敌人，还是不拿枪的敌人，都不在话下。今后搞建设出力气就行。有的战士说：'革命胜利了，今后天下太平，万事大吉，该享享清福了！'也有个别人有'我们打天下，坐天下，老子天下第一'的想法。还有的战士想回家，他们说：'革命胜利了，今后该回家种地了。'有的说：'还有许多问题弄不懂，例如，二万五千里长征走过了，也进了北平了，为什么说万里长征才走完第一步呢？'"

毛泽东微笑着，边听边点头。听完何有兴这番汇报后，他说："那么我给你们出一道讨论题，我们是共产党进北平，还是李自成进北平呢？他为什么进了北平，又失败了，被人家赶出来呢？"

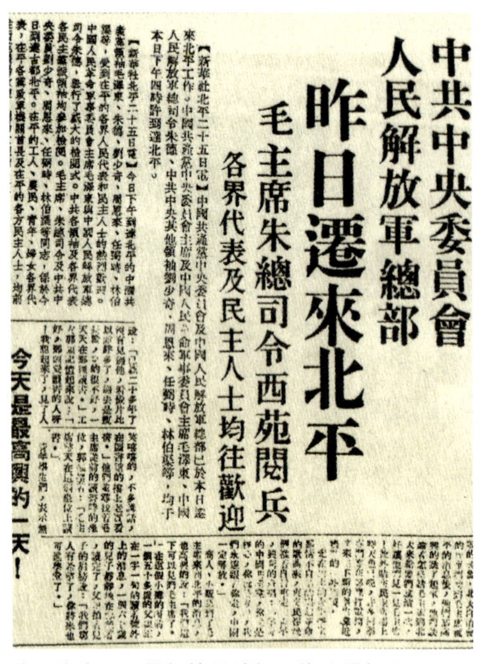

中共中央委員會 人民解放軍總部 昨日遷來北平

毛主席朱總司令西苑閱兵 各界代表及民主人士均往歡迎

【新華社北平二十五日電】中國共產黨中央委員會及中國人民解放軍總部已於本日遷來北平工作。中國共產黨中央委員會主席及中國人民革命軍事委員會主席毛澤東、中國人民解放軍總司令朱德、中共中央其他領袖劉少奇、周恩來、任弼時、林伯渠等，均于本日下午四時許到達北平。

【新華社北平二十五日電】今日下午到達北平的中國共產黨領袖毛澤東、朱德、劉少奇、周恩來、任弼時、林伯渠等，受到在平的各界人民代表和民主人士的熱烈歡迎。中國人民革命軍事委員會主席毛澤東與中國人民解放軍總司令朱德，舉行了盛大的檢閱式。中共各領袖及各界代表各民主黨派領袖均參加檢閱。毛主席、朱總司令及中共中央委員劉少奇、周恩來、任弼時、林伯渠等同志，係於今日到達古都北平。在平的工人、農民、青年、婦女各界代表，在平各黨政軍機關首長及在平的各方民主人士，均前

今天是最高興的一天！

中共中央、人民解放军总部迁往北平报照

警卫们回答不上来，只好摇头。毛泽东来了兴致，招呼大家坐下，然后他也在一把椅子上坐了下来，望了一眼蓝蓝的天空，讲起了李自成的故事。他还给警卫战士说：“我们就要进北平了，我们进北平不能像李自成那样，他们进了北平就变了，我们是共产党，是全心全意为人民服务的，我们有远大的革命目标，进了北平还要继续革命，建设社会主义，直至实现共产主义。所以，进北平以后，我们还有很多艰苦工作要做，大家可不能有任何享乐思想，还要继续保持艰苦奋斗的光荣传统。”

1949 年 3 月 23 日，中共中央和人民解放军总部要进北平了，毛泽东就要离开工作、生活近十个月的西柏坡，踏上赴京建国的新征程。前一夜，毛泽东批阅完最后一批文件后，站在窗前眺望着夜空，一支一支地抽起烟来。他想到中国革命的艰苦历程，想到李自成进京的历史悲剧，思绪万千。一直到凌晨三四点钟，才上床睡觉。周恩来知道毛泽东睡得晚，一大早便对战士们说：“你

们不要九点钟叫主席起床，让他多睡一会儿没关系。”

大院内，所有的工作人员进进出出，终于准备好一切，准备启程。毛泽东走到等待的吉普车前，却没有立即登车，而是将目光转向了身边的亲密战友。“今天是进京赶考的日子，不睡觉也高兴啊！是进京赶考嘛，进京赶考去，精神不好怎么行？”短短一句话，毛泽东连续用了三个“进京赶考”。

周恩来答复道：“我们都应当考及格，不要退回来。”

毛泽东坚定地说：“退回来就失败了。我们决不当李自成！我们都希望考个好成绩。”

这一次走向北平，毛泽东是带领战友们进京，建立新中国，

雕塑：“赶考”

中国共产党将在全国执政。从西柏坡出发，在当地老百姓不舍与憧憬的目光中，毛泽东一行沿着太行山，顺着华北平原，一路弯弯曲曲向东北方向，向北平前行。一路上，在颠簸中，毛泽东回顾了中国共产党28年浴血奋战的革命历程，思索新中国的百废待兴，更多的是"赶考"警醒……

西柏坡小档案

党面临的"赶考"远未结束

2013年7月11日，习近平总书记到西柏坡参观学习。他向全党敲响警钟："当年党中央离开西柏坡时，毛泽东同志说是'进京赶考'。60多年过去了，我们取得了巨大进步，中国人民站起来了，富起来了，但我们面临的挑战和问题依然严峻复杂，应该说，党面临的'赶考'远未结束。"他又指出："从实现'两个一百年'目标到实现中华民族伟大复兴的中国梦，我们正在征程中。'考试'仍在继续，所有领导干部和全体党员要继续把人民对我们党的'考试'、把我们党正在经受和将要经受各种考验的'考试'考好，努力交出优异的答卷。"

第七部分

难忘岁月

——风范长存照后人

“曾记战马倥偬时，常忆当年西柏坡”。70多年过去了，老一辈革命家的精神依然熠熠闪烁在西柏坡这片热土上。中共中央在西柏坡一年零十个月的时光里，为我们留下太多美好的回忆。青青的柏坡岭，蓝蓝的滹沱河水，简朴的农家小院中，领袖的音容笑貌，战友的欢声笑语，老乡的亲切问候，一一为我们后人诉说着那一段困苦却难忘的岁月。历览前贤国与家，成由勤俭败由奢。毛泽东等老一辈革命家以身作则，发扬艰苦朴素、勤俭节约的好作风，以实际行动在人民心中树起一座座丰碑……正是这无数的点滴小事，汇聚成了赤色的火把，照亮了新中国前进的道路。

俭朴典范

毛泽东的一双粗布鞋

艰苦奋斗

“艰苦奋斗”是中国共产党在长期的革命、建设过程中形成的优良传统和作风，也是共产党人的政治本色。毛泽东一贯主张共产党员和领导干部要保持艰苦奋斗、勤俭节约的作风，坚决反对各种形式的贪图享乐、铺张浪费，并以身作则，率先垂范，可以称之为艰苦朴素的典范。

1949 年 3 月，在西柏坡召开的七届二中全会上，毛泽东谆谆告诫全党：“务必使同志们继续地保持谦虚、谨慎、不骄、不躁的作风，务必使同志们继续地保持艰苦奋斗的作风。”作为一代伟人，毛泽东身体力行，率先垂范，在西柏坡工作、生活的近十个月里处处用艰苦奋斗、廉洁奉公的模范行为来教育和影响全党。

1948 年秋，济南战役打了八昼夜，毛泽东八昼夜没有休息好，一天最多睡三个小时，有时昼夜连续工作。当得知济南战役胜利

毛泽东在西柏坡

结束的消息后，毛泽东来到院子里，坐在楸树下磨盘旁的躺椅上，稍事休息一下。

此时，照顾毛泽东小女儿李讷的保姆韩桂馨经过，看到毛泽东脚上穿的那双布鞋旧得不能再穿了，就把事先做好的一双新布鞋拿来，想趁着毛泽东批阅完文件在院子里躺椅上休息时让他换上。此时毛泽东心情好，说不定就同意了呢！

当韩桂馨拿来新鞋后，毛泽东倒是很高兴地试了新鞋子，但旧鞋子仍没有换。韩桂馨左劝右说，毛泽东说："还能穿呢，小韩阿姨，艰苦朴素是我们党的优良传统，我不带头怎么能教育别人呢，你说对吗？"此时，正巧城市工作部的童小鹏路过这里，马上用手中的相机拍摄下了这一感人的画面。

在毛泽东身边的工作人员都知道，毛泽东一向恋旧，衣服破了不愿意换，鞋子坏了不愿意扔。在西柏坡，毛泽东的一条白地蓝条的单面绒衬裤已经磨成了平纹布，膝盖、裤脚都打着补丁，毛衣毛裤不知穿了多少个年头，好几个大窟窿，不少地方还脱了线，实在是不能穿了。可他对身边工作人员有一条规定：不经他本人同意，不许为他买东西。这条规定进城后也没有变。

毛泽东多年来一直用一条毛巾洗脸擦脚，卫士长李银桥觉得西柏坡条件稍好了些，提议领条新的。毛泽东却幽默地说："现在整天行军打仗，脚可比脸辛苦，分开就不平等了，脚会有意见的。"李银桥说："那就用新毛巾擦脚，旧毛巾擦脸。"毛泽东摇头说："账不能那么算，我多用一条毛巾可能贵不到哪里，可是全军如果每人节约一条毛巾，省下来的钱我看能打一次沙家店战役了。"

油画：毛泽东教农民插稻秧

在西柏坡的日子里，毛泽东是忙碌的，他夜以继日地工作，屋内如豆的灯光常常燃到东方发白。但是在工余时间，他还时常到村外的田边散步，一边察看庄稼的长势，一边询问老乡收成如何，能不能吃饱等问题，对西柏坡的老百姓十分关心。此图展现的是毛泽东教农民插稻秧，体现出毛泽东心系人民群众的博大情怀。

人民公仆

朱总司令推车

只见公仆不见官

“历年征战未离鞍，赢得边区老少安。耕者有田风俗厚，仁人施政法刑宽。实行民主真行宪，只见公仆不见官。陕北齐声歌解放，丰衣足食万家欢。”“只见公仆不见官”一语，出自1946年12月朱德同志在他60岁生日时和董必武同志原韵所做两首诗中的第二首。这短短八句诗，特别赞扬了当年广大干部发扬党的优良传统和作风，同群众鱼水深情，紧密团结而带来的新气象。

战争年代，干部群众之间只有分工不同，没有高低贵贱之别；“吃的是一锅饭，点的是一灯油”，情深意厚，亲如一家。在西柏坡，一次“丢失”朱总司令事件真正体现出共产党人“只见公仆不见官”。

从1947年5月到1949年3月，朱总司令在西柏坡生活、工作了近两年的时间。在这段日子里，朱总司令特别注重发展军工生产。中央工委到达西柏坡不久后的一天，朱总司令去太行山深

朱德在西柏坡

处的三三兵工厂视察回来，乘坐着一辆很破旧的吉普车，颠簸着走在坑坑洼洼的山路上。山路不平，车子破旧，时不时要停下来修一修。翻山越岭开了大半的路，没想到在滹沱河滩上车子却陷住了。

大家急忙赶上去推车。新来不久的警卫员刘万帮正好扶在吉普车的后窗处，他猫着腰，咬着牙使劲往前推，忽然他从车窗里看见坐在车内的朱总司令不见了，回头望望没有人影。他看看左右，三个警卫战士都在用力推车，三人的脑瓜上都冒汗了。他想，不管怎么着，总不能把首长一人留在岸边，太危险了，车子冲走了是小事，找人才是大事。于是他也顾不得说一声，扔下车子就往回跑。

大家把车子推上岸，几个人坐在对岸的沙子上，等着他回来。河面并不宽，对岸人的眉眼都看得清清楚楚，他们穿的灰色旧军装，布纹虽然看不清，但可以看出是粗棉布的。对岸人等得不耐烦了，见他着急地从苇地那边走过来，就问："找到了吗？""没，没找到！"是小刘着急的声音。

"你到底丢什么了？"

小刘站在岸边，眼睁睁望着对岸的伙伴们，见他们不着急不着慌的样子，着急地问："我们的首长哪儿去了？"

听他这话，对岸的人"轰"的一声笑了。

大家这么一笑，又一问，小刘直纳闷儿，定睛一看，咦，朱总司令在那儿好好地坐着呢！原来他把总司令当成普通士兵了。尤其是，他万万没想到总司令会跳到河里跟战士一起推车！伙伴们你一言我一语地笑他，他低着头红着脸，一句话也不说。

朱总司令却说："小刘不把我当总司令，这正是对我的最高评价。"

西柏坡小档案

朱总司令的"寿面"

毛泽东在西柏坡倡导"不作寿"，并在七届二中全会上做出"不作寿"的规定。1948年12月1日，是朱总司令的62岁寿诞。这一天，朱德为了避寿，到西柏坡附近滹沱河旁一些机关视察民情，吃饭时一碗挂面做"寿面"。这中国人民解放军总司令的艰苦朴素、自我约束、廉洁自律的高尚品格，迄今仍值得大家学习。

损坏东西要赔偿

赔树苗

三大纪律 八项注意

“说话和气；买卖公平；借东西要还；损坏东西要赔偿；不打人骂人；不损坏庄稼；……”这是众所周知的“三大纪律八项注意”的部分内容，是中国人民解放军的优良传统和行动准则，是全军的统一纪律。西柏坡时期，刘少奇赔树苗的故事可以彰显出中国共产党严格执行“三大纪律八项注意”的优良作风。

“赔树苗”的故事就发生在20世纪40年代末的西柏坡。到过西柏坡的人都知道，西柏坡柏树多。一棵棵挺拔翠绿的柏树把柏坡岭装点得格外庄严、秀丽。

1948年春天，正是万物复苏、大地回春的季节。西柏坡处处绿染枝头，生机盎然。

一天早晨，工委书记刘少奇到附近的一个山村了解土改情况。只见柏坡岭下，滹沱河水漂金荡玉，欢唱着向东流去；山坡梯田上，

刘少奇在西柏坡

绿浪起伏。看着这孕育着希望的山和水，刘少奇心里甭提有多高兴了。

土地会议结束后，各地代表已回到各自工作的地方，并结合本区具体情况贯彻会议精神，掀起了土地改革的高潮。束缚在广大农民身上的枷锁被彻底砸烂，这天翻地覆的大变化，使劳动人民紧皱的双眉舒展了，脸上露出了欢快的笑容。他们努力发展生产，支援伟大的解放战争。短短几个月，西柏坡的变化可真大呀！

刘少奇沿着山路向西走去。突然，他停下了脚步，发现个很奇怪的现象：旁边山沟里光秃秃一片，许多树木干枯了。在这山花烂漫、莺雀鸣唱的春光中，那一幕显得出奇地沉寂。这些树怎么没有发芽呢？他快步走了过去。近前仔细观看，原来树干上没有树皮。这是怎么回事呢？他默默地思考着，忽然脑海里灵光一闪，即刻明白了。

原来，去年的土地会议就是在这条山沟里召开的，由于当时条件艰苦，交通不便，大部分同志骑马而来，开会时，随手把马拴在了树上。那时候，人多马也多，照顾不周，拴在树上的马就把树皮给啃了。会议结束后，代表们急着赶路，没有留意；乡亲们自己觉得，树少块皮也不算啥。所以这事谁也没搁在心上。

刘少奇看着这一棵棵干枯的树木，心里十分地不安和愧疚：本来搞土改就是为了使劳动人民过上好日子，可由于我们的疏忽大意，竟损害了群众利益。他立刻回到机关，找到了行政科的老刘，让行政科认真处理这件事，并指示："一定要把这些树一一登记清楚，照价赔偿，决不能让乡亲们吃亏。"

行政科的同志看到刘少奇那严肃而焦急的神情，不敢怠慢，立刻来到这片树林里，对没有发芽的树进行了认真登记，并作了价，然后又挨家挨户地把树的主人请到一起，一五一十地传达了刘少奇的指示，并把赔偿的钱放在了桌子上。这时候的乡亲们，既感动又着急，便嚷着说："咱们喝的都是滹沱河的水，烧的都是柏坡岭上的柴，咱一家人可不能说两家话，咱们的马啃了咱们的树，要赔钱可就见外了。"总之，千言万语归结一句话，那就是："这

“奇字第 3 号”文件箱

到过西柏坡刘少奇旧居的人们也许会注意到，在刘少奇的办公室内陈列着一个很不显眼的小木箱。它长 84 厘米，宽 47 厘米，高 61 厘米。这个箱子伴随刘少奇同志好多年，珍藏过党内重要文件和刘少奇的手稿。1980 年 6 月 20 日，王光美同志亲手把这个箱子赠给了西柏坡纪念馆。木箱运回西柏坡后洗去了裱糊的那层纸，箱盖上清楚地显露出用毛笔写的“奇字第 3 号”的字样。

钱压根儿不能要。”

这样一来，行政科的同志们为难了。赔钱吧，乡亲们不肯收；不赔，没法向组织交代。想来想去，终于想出了一个绝妙的办法。那就是：把赔偿乡亲们的树钱全部买成柏树苗，分给乡亲们。刘少奇知道后，非常高兴，他发动机关的全体工作人员帮助群众把树栽上，他也亲手栽了一棵。

艰苦朴素

周恩来的一个茶缸盖

以身作则

崇尚俭朴、反对奢华、艰苦奋斗历来是中华民族的传统美德，也是中国共产党始终坚持和倡导的优良作风和克敌制胜的法宝。周恩来一贯倡导勤俭、艰苦奋斗，要求“必须节约朴素，切忌铺张华丽、有失革命精神和艰苦奋斗的作风”。在西柏坡，周恩来以身作则，克勤克俭，一个小小的茶缸盖体现出中国共产党人的艰苦朴素的本色形象。

到西柏坡瞻仰过周副主席旧居的人都知道，在他办公室的东墙上，挂着一幅照片。照片上，周副主席正手握毛笔批阅文件，面前放着一个搪瓷茶缸，茶缸上盖着一个茶缸盖——不，不是茶缸盖，而是一个小碟子。为什么周副主席要把碟子当盖儿用呢？

那还是1948年冬的一天，警卫员成元功见周副主席外出回来，就赶忙提来水壶，要给周副主席倒杯热茶。本来茶缸上的搪瓷早已脱落了三四块，很是残旧，早该换了，可今天又发现茶缸盖凹

周恩来在西柏坡

凸不平，怎么也盖不严了。这是怎么回事？他一打听才知道，原来在周副主席回来的路上，茶缸盖从汽车上掉了下来，被轧成了这个样子。

茶缸是周副主席每日不可缺少的生活用具。如今盖儿不能用了，茶缸也破旧得不像样子，成元功就想去供给处换个新的。这件事情想着容易，真要办成就难了。因为周副主席一向俭朴，他的日用品，能将就用的，从来不轻易换新的。这次成元功想先换后说，所以，趁周副主席聚精会神看文件时，悄悄把茶缸拿了出来，三步并作两步走，到供给处找科长老陈去了。

老陈正在清理账目，见成元功来了并拿着周副主席用过的茶

周恩来用过的茶缸

缸和茶缸盖，马上明白了，把早准备好的白净净、光亮亮的新茶缸递了上去。成元功心里一阵惊喜，没想到事情这么顺利，赶紧说：“快给我吧！”老陈说：“等一等！”只见老陈又把橱门关上，说：“刚才刘参谋来，说周副主席的茶缸盖轧坏了，趁机给他换个新缸子。我想，就这样去换，周副主席准不答应。我计划今天吃饭时，用新茶缸盛着汤端去，顺便把旧茶缸拿出来，这样……”成元功一下子笑起来，心想，还是老陈行。

开饭时，成元功照计划用新茶缸给周副主席端了汤来，饭后又用新茶缸倒上茶水。他轻轻地走出屋来，想不声不响地溜走。哪知周副主席伸手一端茶缸，发现换了新的，就叫住了成元功，并微笑地看着他，待了足有十来秒钟，才说：“你又跟我耍什么花招？旧茶缸呢？”成元功赶紧说：“茶缸送到供给处去了，盖儿也坏了，我看实在不能用了。”周副主席说：“旧点怕什么，只要不漏水就没关系。”又说：“盖儿，我早准备好了。”周副主席说着站起身来，从书架上拿出一个粗瓷小碟子盖在茶缸上，说：“这不正合适吗？”然后又意味深长地说：“同志，人民的解放事业需要我们这样做呀！”

时间一天天过去，直到七届二中全会期间，周副主席还使用着那个旧茶缸和那很别致的茶缸盖——粗瓷小碟子。

周恩来用过的马灯

西柏坡时期的一盏马灯照亮了群众的心。1948 年秋，周恩来在雨夜，披着雨衣，提着马灯奔跑在被雨水冲垮的一座窑洞前，一句“快救人”给了被困者生的希望。周恩来贴近群众，善待群众，把人民群众放在心中，把对群众的爱融入到工作、生活中，为群众办实事、做好事、解难题，永远是人民的亲人。

不能搞特殊

任弼时的六尺白布

不能超越制度

任弼时一生“一怕工作少，二怕用钱多，三怕麻烦人”，无论在战争年代还是和平建设时期，开国元勋任弼时始终以“三怕”精神要求自己，约束家人。他再三强调：“凡事不能超越制度。党的干部尤其是党的高级干部更不能搞特殊。”西柏坡时期经济条件好转，但任弼时依然严格要求子女，哪怕是短短的六尺白布，也绝不让为家用、为子谋。

1948 年，任弼时同志的小儿子任远远不满八岁，人们都习惯叫他的小名——元元。元元从延安到西柏坡来时，带来一辆小自行车。这自行车虽已很旧了，但元元却十分爱惜它，每次骑过以后都要好好地擦一擦。

这一天，元元要他的姐姐远志跟他一块儿去骑车。姐姐领着他来到院外的大路上，元元嫌路不平，又有石子儿，怕磕坏他心爱的自行车，姐姐只好领他到了一个打谷场上。小元元天真活泼，骑上自行车绕场转圈，一会儿站起来，一会儿坐下去，一阵紧，一阵慢，骑得十分开心。他还让姐姐追他的自行车，看谁跑得快。两人玩了一会儿，回到家里，元元从屋里取出擦桌布，让姐姐帮他擦自行车上的尘土。一边擦，一边指着车身上磁漆脱落的地方说："看，漆都掉了。好姐姐，给小车做件车衣吧！"远志看着弟弟乞求的目光，只好答应下来。

那时候实行的是供给制，用什么东西都得到后勤处领取。远志开了个领六尺白布的条子，找到行政科批了，然后，把批条交给了警卫员邵长和。后勤处在东柏坡，距离西柏坡只有一里多路，小邵拿上批条，不到半个小时就把布领回来了。

这件事情被任弼时同志知道了，便把小邵叫到他的办公室里，问道："我们家领东西了？"小邵回答："领了六尺白布。""做什么用？""给元元的小自行车缝个车衣。""谁开的条子？"没等小邵回

西柏坡小档案

能走一百步决不走九十九步

任弼时一心扑在工作上，根本不考虑自己的身体健康情况。尽管医生一再告诫任弼时不要熬夜、要多休息，但他却说："我们都是共产党员，肩负着革命的重任，能坚持走一百步，就不该走九十九步！"1950 年 10 月，任弼时因积劳成疾与世长辞，年仅 46 岁。任弼时逝世后，毛泽东亲笔题词悼念："任弼时同志的革命精神永垂不朽"。

答，任弼时同志接着说，“你把远志和元元叫来。”

因为那时候办公的地方和宿舍都在一个院内，小邵很快就把远志和元元叫来了。任弼时问：“你们要做车衣吗？”远志回答：“是的，爸爸。”“有必要吗？”任弼时追问道。远志没有马上回答。元元站在那里忽闪着两只乌黑发亮的小眼睛，天真地看着爸爸。任弼时严肃地说：“全国虽然快要解放了，可是我们的国家还很穷，

雕塑：任弼时教子

任弼时在西柏坡用过的皮箱

前线更需要物资支援，建设新中国需要大量的资金。毛主席说‘节约一个铜板，为着中国革命和世界革命’。毛主席还穿着补丁衣服，你们为什么要做车衣呀？！”元元虽然年纪小，却十分懂事，他听了爸爸的话之后，看了看姐姐，说道：“姐姐，咱们不做车衣了，把布退回去吧。”任弼时站起身来摸着元元的脑袋说：“元元懂事，是个好孩子。”远志说：“爸爸，我这就去把布退回去。”任弼时说：“对，应该把布退回去。今后要注意勤俭节约，再领什么东西要让我知道，不然不要领。”远志点头答应。

他们从办公室里出来，回到宿舍，远志把布拿出来，交给小邵，由小邵把布交给了仓库保管员。

功夫不负有心人

一架纺车

看时容易做时难

一方土炕，记录着一代伟人生活的足迹；一架纺车，诉说着在光辉岁月中劳作的愉悦。董老在繁重的工作之余仍不忘党分配给每一个人的工作任务，按时保质地完成，还要学习纺线织布，并感慨地说："捻手巴掌握手拳，看时容易做时难。"

在西柏坡董必武旧居的土炕上摆放着一架纺车，长 126.5 厘米，宽 50.5 厘米，高 81 厘米，是董必武夫人何莲芝在西柏坡时用过的。它也生动地记录着董必武在西柏坡学习纺线的动人故事。

早在延安时期，在毛主席"自己动手，丰衣足食"的号召下，陕甘宁边区便出现了数以千计的这种纺线车。何莲芝那时就有一架心爱的纺车，她以自己纺出的又白又细又均匀的线而被评为陕甘宁边区的劳动模范。

1947 年 5 月，董必武夫妇随同中央工委一起来到西柏坡村。

董必武在西柏坡用过的纺车

在转战陕北期间需要轻装转移，何莲芝把在延安大生产期间使用的纺车留在了陕北。到西柏坡后，生活条件比延安虽有所改善，但生活还不富裕。为了保证战争胜利和减轻农民负担，中央领导和机关干部以身作则，带头参加生产劳动。何莲芝在西柏坡织毛衣、纳鞋底，她还十分怀念延安时期纺车声中度过的岁月，于是请西柏坡的木工为她制作了这架纺车。这样，一有闲暇，何莲芝便摇起纺车纺起线来。

当时董老担任华北人民政府主席，工作十分繁忙，但他还分担着每月 15 斤小米的生产任务。虽然年岁大了，仍坚持参加劳动，还叫何莲芝教他纺线。董老坐在纺车前，认真听何莲芝叙说应该怎样摇车，怎样接线，怎样上线。“功夫不负有心人”，董老终于学会了从卷棉花打弦儿的方法，装锭的高低，摇车、抽线的均匀配合，直到挡茬、接头的全套技术。董老深有感触地说：“捻手巴掌握手拳，看时容易做时难。”

1949 年 3 月，党中央离开西柏坡时，何莲芝将这架纺车送给了西柏坡村王树声的妻子。1955 年，西柏坡革命纪念馆筹备处成立，征集文物时王树声将它赠送给筹备处。1970 年，中央旧址大院复原后，陈列在董必武故居寝室的土炕上。

1997 年，这架纺车经鉴定被评为国家二级文物。

西柏坡小档案

不要讲阔气

董必武曾说：“我们共产党人，是要革命，不是要讲阔气，同国民党比，要比革命，比谁是真正为亿万中国人民谋利益，比谁能得到中国劳苦大众的拥护。我们每花一分钱，都要想到解放区人民的艰苦生活，想到敌占区人民逃荒要饭的惨景。”

附录

西柏坡纪念馆简介

西柏坡是解放战争后期中共中央和解放军总部所在地。在这里，中共中央召开了全国土地会议，领导了解放区的土地改革运动；组织指挥了震惊中外的辽沈、淮海、平津三大战役，夺取了解放战争的决定性胜利；召开了中国共产党七届二中全会，描绘了新中国的宏伟蓝图——新中国从这里走来。

1949 年 3 月 23 日，中共中央离开西柏坡赴京建国。为了保护革命遗址和文物，1955 年，成立了西柏坡纪念馆筹备处。1978 年 5 月 26 日纪念中共中央和解放军总部移驻西柏坡 30 周年时，西柏坡陈列展览馆与中共中央旧址同时对外开放。1982 年国务院公布西柏坡中共中央旧址为全国重点文物保护单位。1984 年邓小平为西柏坡纪念馆题写了馆名。

西柏坡中共中央旧址占地 16440 平方米，现有毛泽东、朱德、刘少奇、周恩来、任弼时、董必武同志等人的故居，军委作战室旧址，中国共产党七届二中全会会址，九月会议会址，中共中央接见国民党和平代表团旧址，防空洞和中央机关小学旧址等。近年来，随着对西柏坡精神研究的深入，西柏坡纪念馆先后对陈列展览馆进行了多次修改和完善，使陈列展览与时俱进，在内容、形式上更加丰富、科学、合理。整个陈列共分为12个展室（含序厅），以解放战争为主线，围绕“新中国从这里走来”的展览主题，采用编年纪实的编写体例，运用了大量的文物、照片和资料，辅之以绘画、雕塑、景观等来展现中央工委和中共中央在西柏坡的伟大革命实践，重点介绍全国土地会议、部署指挥三大战役、七届二中全会等重大历史事件，阐释了以谦虚谨慎、艰苦奋斗、实事求是、一心为民为基本内涵的西柏坡精神。

以西柏坡中共中央旧址和陈列展览馆为中心，陆续建成了西柏坡安全教育馆、西柏坡廉政教育馆、西柏坡丰碑林、五大书记铜铸像、西柏坡纪念碑、领袖风范雕塑园、西柏坡青少年文明园、中央各部委旧址等景区，是进行爱国主义教育和革命传统教育活动的最佳场所。

现在，西柏坡纪念馆是全国著名的“爱国主义教育示范基地”、国家安全教育基地、国家廉政教育基地、国家一级博物馆、国家AAAAA级旅游景区和全国重点风景名胜区。自开馆以来，共接待国内外游客近8600万人次，收到了良好的社会效益。

后记

《新中国从这里走来：西柏坡的故事》是给青少年编写的一本通俗读物，是由北京鲁迅博物馆（北京新文化运动纪念馆）、中共一大纪念馆和大象出版社发起编撰的“给青少年讲红色纪念馆里的故事丛书”中的一册，终于要和读者见面了。多年来，让更多青少年了解中国共产党的革命历史，了解老一辈的革命精神，是所有纪念馆人的心愿。

在书稿的撰写过程中，我们广泛征集资料并进行梳理和甄选，希望能给青少年提供一本有兴趣读，并能读懂的故事书。该书以时间为脉络，力求全面客观、翔实准确地反映西柏坡时期中共中央的革命实践活动和老一辈革命家的精神风范，让读者能感知中国革命胜利之不易。本书从策划、组稿到成书的整个编写过程中，河北省党史研究室、西柏坡纪念馆领导多次调研、讨论，给予具体指导；西柏坡纪念馆专门成立机构，列出时间表，精心编写；书稿成形后，河北省党史相关专家提出了许多指导性意见；馆领导对此书的编写给予了很多支持，提供了很多有价值的思想和线索。对此一并表示感谢。

因为年代久远，史料有限，加之时间仓促，一些故事的编写尚感不够生动，精神体现不够多彩，深感遗憾。在此，敬请各位专家同人和广大青少年朋友对书中的瑕疵不吝提出，并予以指导。

编者

2024 年 1 月